川口素生

女子マラソン強豪列伝

歴史をつくったヒロインたち

BB KKベストブック

はじめに

本書は日本の女子マラソン、長距離（10000mほか）の強豪選手の列伝である。なお、女子マラソンがオリンピックの種目となったのは昭和59年（1984）のロサンゼルスオリンピックのことだった。以来、平成28年（2016）のリオデジャネイロオリンピックまで、日本からは23人（のべ25人）の女子選手がオリンピックのマラソンに出場している。

ところで、オリンピックの種目となる以前から、昭和41年（1966）にボストンマラソンに、同46年にニューヨークシティマラソンにそれぞれ女子の部がもうけられるなど、アメリカでは女子マラソンが大変盛んだった。そういった中、日本出身のデリア俊子（旧姓岸本）、ゴーマン美智子（旧姓諏訪《すわ》）らがマラソン選手としてアメリカで足跡を残している。

わけても、ゴーマン美智子は日本出身の女性として初めてボストンマラソン、ニューヨークシティマラソンで優勝（合計各2回優勝）し、当時の世界最高記録も樹立した。

右で名をあげたデリア俊子も、またゴーマン美智子も学生時代には本格的な陸上競技の経験がなかったというが、ほぼ同じ時期の日本でも陸上競技の経験がない村本みのるが市民マラソン大会などに出場を続けたことが知られている。

以上のようなゴーマン美智子や村本みのるの活躍、女子マラソンに対する関心の高まりなどを受けて、日本でも昭和54年に東京国際女子マラソン、同57年に大阪女子マラソン（のちの大阪国際女子マラソン）、同55年に名古屋女子マラソン（のちの名古屋国際女子マラソン＝名古屋ウィメンズマラソンの前身）といった女子マラソンの大会が相次いではじまった。このうち、東京国際女子マラソンは最初の「世界陸上競技連盟の公認大会」として開催されたが、当初は外国人の女子ランナーの層が厚く、日本人の女子ランナーは右の国内3大女子大会では優勝はおろか上位入賞すらできないという状況が続く。

そういった中で、村本みのるは東京国際女子マラソンで第1回から第3回までベスト10入りを果たし、また佐々木七恵《ななえ》は日本人として初めて東京国際女子マラソン、名古屋国際女子マラソンで優勝した。さらに、増田明美はマラソンで外国人の女子ランナーに最後までくいさがり、トラック競技では並いる外国人の女子ランナーを打ち負かしている。

わけても、大柄な外国人の女子ランナーを小柄なゴーマン美智子、増田明美が打ち負かした事実や、当時のゴーマン美智子、村本みのるが30歳代後半のママさん選手であった事実は、のちに続く日本の女子ランナーに大きな希望を与えたといってよいであろう。

以上のような点を踏まえ、本書ではオリンピックの女子マラソンに出場した23人だけでなく、日本の女子陸上競技の開拓者である人見絹枝《ひとみきぬえ》や、黎明期《れいめいき》の功労者であるデリア俊子、ゴーマン美智子、村本みのる、長距離のオリンピック選手、さらには都道府県対抗女子駅伝で活躍した柏木《かしわぎ》千恵美、気温29度という環境の中、ゴール直前で昏倒《こんとう》した鯉川《こいかわ》なつえといった、「記録よりも記憶に残る」女子ランナーたちも取り上げている。

また、特に第6章以降ではオリンピックやマラソングランドチャンピオンシップ（MGC）の順位などで女子ランナーを紹介している。したがって、必ずしも生年順になっていない。

なお、本書の執筆に際しては、全国の陸上競技団体、教育委員会、図書館、新聞社、女子ランナーの母校、所属先の実業団の方々に大変お世話になった。また、高梨修氏、難波俊成氏（岡山民俗学会理事長）、村瀬博一氏から貴重な御教示を頂いた（以上、五十音順）。さらに、本書の出版に際しては、株式会社ベストブックの向井弘樹氏にお世話になった。

末筆ながら、お世話になった方々に衷心より御礼を申し上げる次第である。

令和2年春

川口素生

目次

第2章　女子マラソン発展期の個性派たち（Ⅰ）――平成時代前期

第3章　女子マラソン発展期の個性派たち（Ⅱ）――平成時代前期

第4章　女子マラソン黄金時代の実力者たち――平成時代前期

【凡例】

・本書では選手、監督、コーチ、関係者などの敬称をすべて略した。
・女子ランナーの中には結婚したことや、結婚後の姓を公表していない方が少なくない。そこで、本書では一般に馴染みのある現役時代の姓、名前で書き進めた。
・**【生年・経歴】**の欄のうち、経歴は現役を引退するまでの学歴、実業団の所属先を記した。したがって、現役引退後の学歴、スポーツ団体への所属歴などは記していない。
・**【主な大会記録】**の欄では便宜上、西暦のみで表記した。また、現役引退後に主要なマラソン大会、あるいは市民マラソン大会などに一般参加した際の順位、記録などは収録しなかった。
・外国で開催された大会の日付は、（日本の日付ではなく）現地の日付で記した。

人見絹枝　オリンピックで銀メダルを獲得した「開拓者」

【生没年・経歴】

生没年＝1907～1931年、出身＝岡山県、経歴＝岡山県立高等女学校（現・岡山県立岡山操山《そうざん》高校）→二階堂体操塾（現・日本女子体育大学）→京都府立第一高等女学校（現・京都府立鴨沂《おうぎん》高校）教員→二階堂体操塾研究生→大阪毎日新聞社（現・毎日新聞社）

【主な大会記録】

1926年　世界万国女子オリンピック・走幅跳　5m50　1位（個人総合＝優勝）
1927年7月29日　アムステルダムオリンピック・100m　予選敗退
　　　8月1日　同　・800m　2分17秒06　2位
1930年　世界万国女子オリンピック・走幅跳　5m90　1位（個人総合＝2位）

人見絹枝《ひとみきぬえ》は昭和3年（1928）8月1日のアムステルダムオリンピック・800mで銀メダルを獲得した快挙で知られるが、女子ランナーとしてだけではなく、女子陸上競技の開拓者、新聞記者、陸上競技をはじめとする各種スポーツのプロデューサーとしても数々の足跡を残したという偉大な女性である。ところが、二足ならぬ何足もの草鞋《わらじ》を履《は》き続けたことが原因（後述）で、同6年8月2日に24歳で病死してしまった。

そんな人見は明治40年（1907）に岡山県御津《みつ》郡福浜村（現・岡山市南区）で生まれ、福浜村立福浜尋常小学校（現・岡山市立福浜小学校）を経て岡山県立岡山高等女学校（現・岡山県立岡山操山高校）へ進学した。入学後、人見はテニスに熱中し、当初は「テニスの人見絹枝」として県内にその名を轟かせている。やがて、陸上競技に関心を持った人見は、県内の競技会に出場するなどした。次いで、同高等女学校から二階堂体操塾へ進学している。この二階堂体操塾は現在の日本女子体育大学の前身で、のちに人見は同体操塾の研究生となって日本女子体育専門学校への昇格実現に貢献した。

前後したが、身長170cmの人見は、冒頭の【主な大会記録】のほかにも数多くの大会に出場し、幾多の世界記録を樹立する。たとえば、大正13年（1924）に三段跳で10m33の世界記録を樹立した。次いで、同体操塾を卒業後は京都府立第一高等女学校（現・京都府立鴨沂高校）の体操教師となるが、1学期（3か月間）勤務しただけで退職し、二階堂体操塾の研究生となっている。そして、研究生を辞めて大阪毎日新聞社へ入社し、新聞記者に転じた。かといって、陸上競技を断念したわけではなく、同15年のイェーテボリ（スウェーデン）での第2回世界万国女子オリンピックでは走幅跳で1位（5m50）となり、個人総合でも優勝という輝かしい成績を収めている。

また、驚くことにそれまで人見にはコーチがいなかったというが、昭和2年頃からは同郷（岡山県備前市出身）の谷三三五《ささご》（旧姓真殿《まどの》）に師事した。谷は大正13年のパリオリンピックの100m、200mに出場したランナー、指導者で、人見や、昭和7年のロサンゼルスオリンピックの100mで6位入賞した「暁《あかつき》の超特急」こと吉岡隆徳《りゅうとく》を育てた功績で名高い。

谷に師事した甲斐《かい》があって、人見は同3年の全日本選手権・100mで12秒02の世界新記録を樹立した。このため、同3年のアムステルダムオリンピックでは、

「優勝は間違いない！　もしかしたら女性として初めて12秒の壁を破るかも？」

などと、日本のオリンピック関係者を大いに期待させる。ところが、陸上競技の2日目の7月29日に信じられないことが起こった。100mの予選を同組トップで通過した人見はこの日、準決勝へ進んだものの、同組4位となって準決勝敗退となったのである。

おそらく、自己ベストでは遜色《そんしょく》のないタイムを持っていた人見だが、国際大会特有のレース感覚、駆け引きに関しては外国人選手に「一日《いちじつ》の長《ちょう》」があったのだろう。

当時、ラジオやテレビの中継もなければ、電話で日本選手団の本部（ホテル）へレース結果を知

らせるというシステムもなかったため、ホテルへ戻って予選敗退を告げても、誰1人それを信じてくれなかった。レース前、日本選手団の監督から、

「君が（掲揚台に）『日の丸』をあげてくれなければ、ほかにあげる者がいない」

と激励されていただけに、人見は夕食を抜いて部屋へ入り、泣きに泣いたとされる。

それでも、気を取り直して4日目の800m予選に挑むが、同じ予選2組に実力者のリナ・ラトケ（ドイツ）がいた。人見はラトケのあとをついて走り、同組2位で予選を通過する。その日の夜、ベッドに入ったが、体の震えが止まらず、寝つかれなかったという。

そして、運命の5日目は日本時間では8月2日だが、現地時間では1日となる。この日は午後2時から織田幹雄《おだみきお》らが出場する男子の三段跳がはじまり、同2時半に女子の800m決勝が行なわれた。決勝ではスタートしたあと、400m手前での人見の順位は6位だったが、トップとの差は1mもない。次いで、残りが400mを切ったあたりで、各選手はそれぞれスパートをかけた。この時、人見は一気に3人の選手を抜き、3、4番目あたりに出たが、気がつくとラトケは15mも前を快走している。

なお、もともと100mにウエイトを置いて練習を続けていた人見は、800mの対策をあまりしていなかった感が否《いな》めない。それでも、

「これ以上走れない、余力がないと感じたら必ず手を振れ！　手さえ振れたら大丈夫だ」

という監督のアドバイスを思い出し、人見は意識して手を振りはじめた。すると、何人かの外国人選手を抜くことができ、ホームストレートに入るとラトケの2mうしろ、2番目に躍《おど》り出る。なおも、人見は前に出ようとラトケに追《お》い縋《すが》ったが、結局はラトケが逃げ切って金メダル（2分16秒08）を獲得し、人見は銀メダル（2分17秒06）となった。

以上のラトケ、人見の記録はともに世界新記録だったが、疲労困憊《こんぱい》した決勝進出者は皆、ゴール後にその場へ倒れ込む。日本選手団の選手らはすぐさま駆け寄って人見を介抱するが、介抱をしてくれた選手の中には三段跳で優勝（15m21）し、日本人選手として初めて金メダルを獲得した織田もいた。人見は、三段跳の表彰式で「日の丸」が掲揚され、『君が代』が演奏されるのを聞き、「自分が日本人であることに感謝した」という。

翌日から、ラトケと人見との名勝負は『ニューヨーク・タイムズ』などの世界の新聞の記事となり、日本でも人見の銀メダル獲得の快挙は大きく報じられた。

一方、決勝進出者が皆、ゴール後にその場へ倒れ込んだ点が問題視され、この種目はオリンピックから除外されることになる。ちなみに、オリンピックの種目に女子の800mが復活したのは、昭和39年10月の東京オリンピックからだった。

アムステルダムオリンピックのあと、一躍、有名となった人見のもとへは、講演の依頼が殺到する。ある年などは1年間に100回以上も講演をしたというが、それと併行して新聞記者の激務をこなし、選手として大会への出場を続けた。加えて、先に触れたように人見は、陸上競技をはじめとする各種スポーツのプロデューサーとしても足跡を残す。

一例をあげると現在、選抜高等学校野球大会（春の甲子園）、全国高等学校野球大会（夏の甲子園）の開会式でプラカードを先頭に選手が入場する点や、勝利した高校の校旗を掲揚し、校歌を演奏する点は、大阪毎日新聞社の記者だった人見が発案して選抜中等学校野球大会（選抜高等学校野球大会の前身）で採用されたものが起源とされている。

また、有望な女子選手をスカウトしたり、オリンピックの予選会への出場を促《うなが》したこともあった。日本女子体育専門学校の後輩となり、昭和7年のロサンゼルスオリンピック・走高跳で9位に入った相良八重《さがらやえ》（小説『オリンポスの果実』のヒロイン・熊本秋子のモデル）なども人見の激励を受けて感激し、オリンピック出場を果たした1人である。

しかし、反対に人見が予選会への出場を促しても、両親の意向で引退していった有望な女子選手も数多くいた。選手の両親に限らず、当時の世間の人々の間では「女は早く嫁に行け」という考え方が主流だったから、家事を人に任せて選手、新聞記者を続け、人前で太股《ふともも》を露《あら》わにする人見はい・・・・・われのない誹謗中傷を受け続ける。

そういった中で、人見は同5年のプラハ（チェコ）での第3回世界万国女子オリンピックの走幅跳で1位（5ｍ90）、個人総合で2位という素晴らしい成績を収めた。

しかし、大会の前後、親善のためにヨーロッパ各地で複数の大会に出場したのがよくなかったのだろう。長い船旅の末に帰国した人見は、同6年に大阪帝国大学（現・大阪大学）付属病院へ入院するが、8月2日に乾酪性肺炎《かんらくせいはいえん》により病没した。24歳の若さだった。

なお、人見がアムステルダムオリンピックで銀メダルを獲得した8月1日は日本時間では2日に当たる。人見の銀メダル獲得からちょうど64年後、病没からちょうど61年後に当たる平成4年（1992）8月1日（日本時間2日）、同郷（岡山市出身）の有森裕子《ゆうこ》がバルセロナオリンピック・女子マラソンで銀メダルを獲得している。

一方、昭和6年9月20日に私立関西《かんぜい》中学校（現・私立関西高校／岡山市北区）グラウンドで人見

人見絹枝の銅像（岡山県総合グラウンド）

絹枝追悼競技会（第1回岡山県女子陸上競技会）が開催されたが、昭和時代末期から同市で開催されている山陽ロードレースには人見絹枝杯という愛称がつけられている。また、現在までに岡山県総合グラウンド、および母校である福浜小学校、日本女子体育大学に人見の銅像が建立された。

第1章　女子マラソン黎明期の功労者たち

——昭和時代後期

デリア俊子　ガンをおして大会出場を続けた京女

【生没年・経歴】

生没年＝１９３０～２０１４年、出身＝京都府、経歴＝京都府立第一高等女学校（現・京都府立鴨沂《おうぎん》高校）→津田塾専門学校（現・津田塾大学）→シラキュース大学大学院→ニューヨーク聾《ろう》学校教員

【主な大会記録】

１９７９年４月16日　ボストンマラソン　２時間58分11秒
１９８０年４月21日　ボストンマラソン　３時間９分11秒
　　　　11月16日　東京国際女子マラソン　３時間25分33秒　37位

昭和時代後期から平成時代のはじめの女子マラソン界では、外国へ帰化したデリア俊子（旧姓岸

本）、ゴーマン美智子（旧姓諏訪《すわ》）、ユーコゴードン（旧姓長谷川／1951〜）といった日本出身の女性が活躍したことが知られている。

以下、本項と次項では姓でなく名前で記すが、ユーコは香港国籍を得て昭和63年（1988）9月のロサンゼルスオリンピック・女子マラソンに出場し、34位に入った。

3人のうち、俊子の実家・岸本家は関西を代表する鉄鋼商で、祖父の4代目岸本吉右衛門《きちえもん》は日本鋼管などの創設、大阪府立病院（大阪府立大学付属病院の前身）の寄贈などで知られる実業家、篤志家である。また、俊子は5人兄弟（男3人、女2人）の末っ子だが、長兄・6代目岸本吉右衛門（謹之助《きんのすけ》）は大倉商事会長、姉・艶《つや》ウィルウェバーは日本人女性で2人目の農学博士、次兄・岸本貞二郎は『近代バレーボール』などの著作もあるバレーボールの選手、指導者だった。子供の頃は「おはねはん（＝お転婆《てんば》娘《むすめ》）」と呼ばれていた俊子は、友だちと一緒に銀閣寺《ぎんかくじ》などの境内で遊ぶ活発な女の子だったという。

特に仲のよかった次兄はバレーの移動（ブロード）攻撃の理論を提唱し、実践した先駆者だったが、その次兄の影響もあり、俊子は京都府立第一高等女学校（現・京都府立鴨沂高校）、津田塾専門学校（現・津田塾大学）ではバレーボール部に所属してセッターをつとめた。そして、津田塾を卒業後、聴覚障害者の少年と知り合ったことがきっかけで聴覚障害者教育に取り組みたいと考えるようになった俊子は、フルブライト奨学生（ガリオア資金）としてアメリカのシラキュース大学大学院へ留学した。

さらに、クラーク聾学校教員養成所でも学び、ニューヨーク聾学校教員に採用される。この間に結婚、離婚を経験し、のちに再婚してアメリカ国籍、デリア姓となった。

俊子は聴覚障害者教育の分野でも足跡を残すが、昭和49年に娘の勧めで高校のクロスカントリー大会（４㎞）へ出場し、44歳ながら３位に入る。これに気をよくした俊子はマラソンへの挑戦をはじめ、同51年にあるマラソン大会で３時間半近くかかって完走した。さらに、同54年４月、ボストンマラソンで２時間58分11秒というタイムを残す。当時49歳の俊子によるサブスリー（３時間以内）は偉業といってもよいであろう。

けれども、子宮《しきゅう》ガンがみつかったため、同年のクリスマスの直前に子宮の半分を切り取るという大手術を余儀《よぎ》なくされる。余談だが、子宮ガンをみつけてくれた医師は俊子を勇気づけようと思ったのだろう。手術の直前、看護師たちに俊子の体を見せ、

「彼女は、マラソン・ランナーなんだ。見たまえ、この弾力に富んだ、若い女性のような皮膚を」

と言いながら、（俊子の）腹部を手でピタピタと叩《たた》いたという。

それはともかく、俊子は４か月後の同55年４月、ボストンマラソンに出場して３時間９分11秒で完走した。この時のことは共同通信などによって日本の新聞にも配信されたが、新聞を読んで初めて俊子が子宮ガンだったことを知った次兄らは大いに驚いたとされている（俊子は自身の病気のこ

とを日本の兄たちにはまったく知らせていなかった）。

さらに、俊子は同年11月の東京国際女子マラソンに出場して、33位（３時間25分33秒）となった。また、同56年には俊子を主人公としたテレビ朝日のドラマ『走れ！デリア俊子　ガンに勝った51歳のランナー』が放送されている。俊子役を演じたのは同じ京都市出身の女優・中村玉緒《たまお》だった。また、この年に俊子は後藤新弥と共著で、『ランニング・オン――デリア俊子の挑戦』という自らの半生を振り返る著作を上梓《じょうし》している。

その後もガンをはじめとする病気を発症するが、それを克服してマスターズ陸上などに出場を続け、各年代の記録を保持していた時期もあった。そんな俊子は平成26年（２０１４）２月19日に脳腫瘍《のうしゅよう》のために病没する。84歳だった。俊子の訃報《ふほう》は日本の『毎日新聞』などに載ったが、翌日の『ニューヨーク・タイムズ』も俊子の訃報を掲載している。

ゴーマン美智子　不朽の足跡を残した伝説的な名選手

【生没年・経歴】

生没年＝1935〜2015年、出身＝福島県、経歴＝福島県立安積《あさか》女子高校→郡山女子短期大学（中退）→フリー

【主な大会記録】

1973年12月3日　ウェスタンヘミスフィアマラソン　2時間46分36秒　優勝
1974年4月15日　ボストンマラソン　2時間47分11秒　優勝
1976年4月18日　ボストンマラソン　2時間52分27秒　2位
10月24日　ニューヨークシティマラソン　2時間39分11秒　優勝
1977年4月18日　ボストンマラソン　2時間48分33秒　優勝
10月23日　ニューヨークシティマラソン　2時間43分10秒　優勝

１９７９年11月18日　東京女子マラソン　２時間54分00秒　16位

東京・丸の内のＯＬを経てアメリカで家政婦となったあと、30歳代の後半からマラソンに挑戦してボストンマラソン、ニューヨークシティマラソンで各２回優勝したという女子マラソン界の伝説的な名選手である。このうち、起伏の多いコースをものともせず、39歳の時にボストンマラソンで初優勝した快挙は日本の陸上競技関係者にとって衝撃的な出来事だった。無論、右の４回の優勝は日本の新聞、テレビでも報じられている。

30歳代後半、小柄ながら体格の大きい外国人ランナーを打ち負かしたゴーマン美智子の存在は、あとに続く日本の女子ランナーに大きな希望を与えたといってもよいであろう。

そんな美智子の旧姓は諏訪《すわ》で、昭和10年（１９３５）に日本人医師の娘として中国・青島《チンタオ》で生まれた。帰国後の美智子は東京や現在の福島県南会津《みなみあいづ》町で育ち、福島県立安積女子高校を経て郡山女子短期大学へ進学する。ところが、短期大学在学中に父が病死したため、中退して東京・丸の内のＯＬとなった。しかし、当時のＯＬの給料では母を養うことができず、仕事を終えたあと、夜は喫茶店で働くというハードな日々を送る。

やがて、勧める人があって在日アメリカ軍関係の仕事に就き、さらに貨物船で太平洋を渡り、アメリカ軍将校の家政婦となった。当時のことは自伝『走れ！　ミキ』に詳細に記されているが、美智子が一番驚いたのは、アメリカの優れた教育システムというか、風習だったという。たとえば、在日アメリカ軍関係の仕事をはじめた当初、美智子は英会話が得意でなかった。おそらく、当時の日本企業ならば日本語が理解できない外国人のアルバイトは解雇されるか、解雇されなくても単純労働しか任せられなかったであろう。

しかし、在日アメリカ軍も、またのちに就職するアメリカの企業も、美智子に英会話やスキルアップのための教育を施してくれた。しかも、教育を受ける間ですら給料を払い続けてくれた点に、美智子は大いに驚き、かつ感謝したという。「もしも」英会話が不得手な外国人にスキルアップのための教育を怠らないというシステム、習慣がアメリカになかったならば、美智子のマラソンランナーとしての大活躍はなかったかも知れない。

やがて、美智子は家政婦から事務系の仕事に転職し、アメリカ人男性と結婚してアメリカ国籍を取得、ゴーマン姓となった。そして、たまたまスポーツクラブに入会したことがきっかけで、長距離走に取り組みはじめる。この頃にはのちに同48年4月のボストンマラソンで優勝するジャクリーン・ハンセン（アメリカ）と同じコーチの指導を受けた。

のちにマラソンの世界最高記録保持者にもなるハンセンは、美智子に向かい、

「マラソンへの挑戦は無謀」

という意味の発言をしたとされている。当時の美智子の年齢を考慮すれば、ハンセンが心配した

のも無理もない。しかし、美智子は同48年12月に38歳で挑んだウェスタンヘミスフィアマラソンで、いきなり優勝（2時間46分36秒）した。しかも、この2時間46分36秒は、非公認ながら当時の世界最高記録である。さらに、美智子は先に触れたようにボストンマラソン、ニューヨークシティマラソンで各2回優勝した。

このうち、同49年4月のボストンマラソンの2時間47分11秒、同51年10月のニューヨークシティマラソンでの2時間39分11秒という優勝タイムはともに大会記録で、両マラソンで2時間50分、40分の壁を破ったのも美智子が最初、同じ年（同52年）に両マラソンに優勝したのも女子では美智子が最初であった。そういった華々しい成績をあげたあと、美智子は可能な限り日本へきて、市民ランナーへのアドバイスを続けた。美智子の両マラソンでの優勝シーンの映像を目にしたり、実際にアドバイスを受けたりしたことがきっかけで、本格的に陸上競技をはじめた日本の女子ランナーも少なくないという。

残念ながら、当時の日本国内には女子マラソンの国際大会が皆無であったため、美智子の素晴らしいレースを日本人が実際に目にすることはなかった。そんな中、同54年11月に第1回の東京国際女子マラソンが開催され、44歳の美智子も出場した。なお、この時のコースが東宮御所《とうぐう》の前を通っていたため、皇太子妃殿下（現在の美智子上皇后陛下）、浩宮様《ひろのみや》（現在の天皇陛下）も御所からランナーに声援を送られたという。しかし、美智子は16位（2時間54分00秒）という結果に終わる。

翌日の『朝日新聞』には、

「無念こらえて健闘16位　草分けのゴーマンさん」

という見出しが認められるが、思い出深い東京を走ることができたからか、美智子の目は潤《うる》んでいたという。

また、美智子はそれまでの実績が評価され、同59年のロサンゼルスオリンピック・女子マラソンで日本のテレビ中継の解説者に起用された。女子マラソンがオリンピックで初めて行なわれたこの時のレースでは、NASA（アメリカ航空宇宙局）が暑さ対策を施したというユニフォームを着たジョーン・ベノイト（アメリカ）が世界最高記録で金メダルを獲得（2時間25分52秒）したあとに、世界の女子マラソン史上に残る出来事が発生する。

何と、疲労困憊《こんぱい》したガブリエラ・アンデルセン（デンマーク）が大きく左右にふらつきながら、競技場へ戻ってきたのである。係員が大きく身振り、手振りで誘導した結果、アンデルセンはどうにか37位（2時間48分42秒）でゴールする。

この時、競技場では嗚咽《おえつ》する観客の姿が認められたが、解説者の美智子が嗚咽する声も日本国内に放送された。マラソンの楽しさのみならず、苦しさ、厳しさを誰よりも知っている美智子だけに、感情を抑えることができなかったのだろう。

なお、同61年には先に書名をあげた自伝『走れ！　ミキ』を原作とする映画『リトルチャンピオン』が公開された。ミキは美智子のニックネームで、当時は清純派路線、国際派路線を歩んでいた女優・島田陽子が主演をつとめている。この映画のスタッフの全員がアメリカ人で、撮影もすべてアメリカで行なわれたというから、島田も相当大変だったろう。

以上のように女子マラソンの分野で不朽の成績を残し、さまざまな面で日本の女子ランナーに影響を与えた美智子は、平成27年（２０１５）９月19日にガンで病没する。80歳であった。

現在、美智子が成人前に暮らした南会津町では毎年、美智子にちなんだゴーマン杯南会津ふるさと健康マラソンが開催されている。

村本みのる　市民ランナーを貫いた初期の功労者

【生年・経歴】

生年＝１９４１年、出身＝福岡県、学歴・所属＝飯塚経理専門学校→フリー

【主な大会記録】

１９７９年11月18日　東京国際女子マラソン　２時間48分52秒　７位
１９８０年11月10日　東京国際女子マラソン　２時間52分39秒　10位
１９８１年11月15日　東京国際女子マラソン　２時間52分11秒　10位
１９８３年１月30日　大阪女子マラソン　２時間45分50秒　14位

昭和58年（１９８３）１月の第１回大阪女子マラソン（のちの大阪国際女子マラソン）の序盤（14・７km地点）、日本の期待を一身に受けていた増田明美が転倒するという衝撃的な出来事が発生

する（44頁「増田明美」の項参照）。沿道が騒然とする中、１人の日本人の女子ランナーが横たわったままの増田をかわす。服装は今では主要レースではみることがなくなった長いトレーニングパンツ姿だったが、一歩一歩、走ることの喜びを噛《か》みしめるかのように前へ進む姿は見事であったといえよう。その日本人の女子ランナーこそ、当時42歳の村本みのるだった。前項で触れたとおり、ゴーマン美智子は女子のマラソンランナーとして不朽の足跡を残したが、活躍の場はあくまでアメリカであった。

これに対して、（女子マラソンの大会が皆無に近い時代から）日本国内で男子マラソンの大会や市民マラソンへ参加し続け、日本の女子マラソンの「道を切り拓《ひら》いた」といっても過言ではないのが、誰であろうこの村本なのである。

驚くべきは、村本もゴーマンと同様、中学校、高校で本格的な陸上競技の経験がないという点であろう。それでも、村本には新聞配達の経験はあり、市民マラソンのようなものに参加して好成績を得ていた。

のちに、村本自身が雑誌のインタビューに答えたところによると、ある大会で男子中学生を抑えて好成績を収めたことが、自信につながったという。

そして、村本に活躍の場を与えるかのように、同54年から東京国際女子マラソン、同57年から大阪女子マラソンが開催される。当時、女子マラソンは外国人の女子ランナーの層が厚く、日本人の女子ランナーはなかなか上位入賞が果たせなかった。そういった状況下で、30歳代後半から40歳代前半という年齢の村本が東京国際女子マラソンの第1回（昭和54年）から第3回まで連続してベスト10入りしたのは大健闘、快挙といっても過言ではないであろう。また、第1回会大会では村本が唯一、日本人ランナーでベスト10に入っている。タイムは優勝したジョイス・スミス（イギリス）の2時間37分48秒からは10分以上も遅かったものの、村本の2時間48分52秒は実に見事であったといえよう。翌日の『朝日新聞』にはスポーツ面や社会面に東京女子マラソン関係の記事が掲載されており、そのすべての関連記事の面積、ボリュームは1面（ページ）分ほどにもなる。

　このうち、『朝日新聞』の社会面には、

「日本人1位もママ　38歳の村本さん　『走るのが楽しくて』」

という見出しで村本の取材記事が掲載されている。当時、優勝したスミス（42歳）、10位の村本（38歳）、16位のゴーマン美智子（44歳）らがママさんランナーであることを知り、衝撃を受けた日本人、特に陸上競技関係者が多かったと聞く。

　さらに、織田《おだ》幹雄《みきお》も『朝日新聞』に、

「日本勢も貴重な収穫　女子陸上界に活路」

と題したコメントを寄せ、村本ら日本の女子ランナーの健闘を称《たた》えている。『朝日新聞』ＯＢの織田は同3年のアムステルダムオリンピック・三段跳で金メダルを獲得（日本人初）したアスリートで、日本陸上競技界の重鎮だった。

ともあれ、同50年の東京女子マラソンこそ新鋭・佐々木七恵《ななえ》に国立競技場に入ってからかわされたが、村本が３大会連続でベスト10、タイムも３時間を切ったことで開催国・日本もどうにか面目を保った感がある。

その後、若手の女子ランナーの台頭により、村本が大阪国際女子マラソン、東京国際女子マラソンといった主要大会でベスト10入りをすることは少なくなった。それでも、時代が昭和から平成に変わって以降、各地の大会への出場を続け、この間、夫の看病を続けながらマラソンを続ける姿はテレビのドキュメンタリー番組でも取り上げられている。

さらに、60歳を超えてからもマスターズ陸上競技会へ参加するなどの活動を続けており、60歳以降の各年代の３０００ｍ、５０００ｍ、１００００ｍの日本記録を保持していた時期もあった。しかし、惜しいことに、70歳を迎えて以降、村本は大会には参加していない。

スポーツに「もしも」は禁物かも知れないが、「もしも」村本が男子マラソンの大会、市民マラソンに参加し続けていなかったならば、「平成時代はじめの日本女子マラソンの隆盛《りゅうせい》は『なかった』のではないか？」と思われてならない。

佐々木七恵　堅実な走りで知られた女子の牽引者

【生没年・経歴】

生没年＝1956〜2009年、出身＝岩手県、経歴＝岩手県立住田高校→日本体育大学→岩手県立盛岡第一高校教員→エスビー食品

【主な大会記録】

1979年11月18日　東京国際女子マラソン　3時間07分20秒　26位
1980年11月16日　東京国際女子マラソン　2時間52分35秒　9位
1981年4月20日　東京国際女子マラソン　2時間40分56秒　13位
11月15日　東京国際女子マラソン　2時間45分09秒　5位
1982年1月24日　大阪女子マラソン　2時間42分09秒　11位
6月6日　クライストチャーチマラソン　2時間35分00秒　優勝

１９８２年11月14日　東京国際女子マラソン　２時間43分13秒　４位
１９８３年11月20日　東京国際女子マラソン　２時間37分09秒　優勝
１９８４年８月５日　ロサンゼルスオリンピック・女子マラソン　２時間37分04秒　19位
１９８５年３月３日　名古屋国際女子マラソン　２時間33分57秒　優勝

結婚後は永田姓を名乗ったが、一般には現役時代の佐々木七恵《ななえ》という名で知られている。佐々木は増田明美とともに「日本最初の女子マラソン選手」として昭和59年（１９８４）のロサンゼルスオリンピックに出場した名ランナーである。特筆すべきは、初マラソンだった同54年の東京国際女子マラソンを例外として、以後の９回のマラソンで一度として「日本人の女子ランナーに敗れることがなかった」という点であろう。

なお、同54年に東京国際女子マラソン、同55年に名古屋女子マラソン（のちの名古屋国際女子マラソン＝名古屋ウィメンズマラソンの前身）、同57年には大阪女子マラソン（のちの大阪国際女子マラソン）がはじまったが、当時、女子マラソンは外国の女子ランナーの層が厚く、日本人の女子ランナーは優勝を果たせていなかった。かかる状況下で、佐々木は東京国際女子マラソンの第５回大会（同58年）、名古屋国際女子マラソンの第６回大会（同60年）でいずれも日本人の女子ランナーとして初優勝を遂げたのである。

以上の輝かしい成績などから、平成、令和の今日でもなお、佐々木は「日本女子マラソン界の牽引者」と称《たた》えられている。

ところで、ゴーマン美智子、村本みのる、増田明美といった黎明期《れいめい》の女子ランナーたちと同様、佐々木も中学校時代は陸上競技部の部員ではなく、バレーボール部に属していたという。次いで、岩手県立住田高校に入学してから本格的に陸上競技をはじめ、日本体育大学へ進学後は日本インカレなどで頭角を顕《あらわ》した。

その後、日本体育大学卒業後は岩手県内の県立高校教員（体育科担当）となるが、マラソンへ本格的に転向し、休暇の時期に上京して早稲田大学競走部の監督・中村清の指導を受けるようになる。中村はオリンピック選手の瀬古利彦、新宅《しんたく》雅也、ダグラス・ワキウリ、陸上競技指導者の金哲彦《きんてつひこ》らの恩師として知られるが、女性の教え子で大成したのは佐々木だけといっても過言ではあるまい。

なお、冒頭で紹介した【主な大会記録】のうち、同57年のクライストチャーチマラソンでの2時間35分00秒は当時の日本最高記録であった。ちなみに、佐々木は同54年の東京国際女子マラソンを例外として、マラソンでは日本の女子ランナーに敗れていないが、トラック競技では何度か増田に敗れたことがあった。佐々木はこの点を大変悔《くや》しがり、高校教員の職を捨てて、中村が監督に就任したヱスビー食品陸上部でトレーニングに没頭することとなる。中村の指導もあり、佐々木は同57年の東京国際女子マラソンで4位、同58年の同マラソンで優勝という見事な成績を収めることができた。

さらに、同59年1月22日、都道府県対抗女子駅伝に岩手県チームの9区（アンカー）のランナーとして出場した佐々木は、「17人抜き」の快走を披露《ひろう》して沿道の観客、テレビの前の視聴者を驚愕《きょうがく》させている。この「17人抜き」という記録は、以後、二十数年間破られることがなかった。

そして、同59年8月5日のロサンゼルスオリンピック・女子マラソンでは増田が途中棄権する中、2時間37分04秒で完走し、19位に入った。同じく中村門下で、ロサンゼルスオリンピック・男子マラソンに出場し、2時間14分13秒で14位に入った瀬古は、佐々木の健闘を称《たた》えている。前後したが、高校教員の職を捨てて中村の門を叩いた佐々木の行動を、瀬古は高く評価していたという。

ロサンゼルスオリンピックのあと、佐々木は同60年3月3日の名古屋国際女子マラソンに出場し、2時間33分57秒で優勝した。先に触れたとおり、名古屋国際女子マラソンでの日本の女子ランナーの優勝は佐々木が最初である。しかも、この2時間33分57秒というのは当時の日本最高記録だった。この優勝を最後に、佐々木は惜しまれつつ現役を引退した。その後はヱスビー食品陸上部のコーチ、神奈川県相模原《さがみはら》市教育委員会の教育委員などもつとめる。私生活の面では結婚して子宝にも恵まれたが、平成21年6月27日に直腸ガンのために逝去した。53歳だった。

同年9月29日にお別れ会が開催されているが、ライバルであった増田、同じ中村門下の瀬古らが若くして逝《い》った佐々木を悼《いた》むインタビュー、コメントを残している。

増田明美　抜群の知名度を誇る稀代のランナー

【生年・経歴】

生年＝１９６４年、出身＝千葉県、経歴＝私立成田高校→川崎製鉄千葉（現・ＪＦＥ）→ＮＥＣ

【主な大会記録】

１９８２年２月21日　千葉県選手権光町マラソン　２時間36分34秒　優勝

１９８３年１月23日　都道府県対抗女子駅伝　千葉県チーム　２時間29分02秒　優勝

（増田＝９区／35分36秒）

30日　大阪女子マラソン　途中棄権（14・７㎞付近）

９月11日　ナイキオレゴン・ユージンマラソン　２時間30分30秒　優勝

１９８４年１月29日　大阪女子マラソン　２時間32分05秒　２位

８月５日　ロサンゼルスオリンピック・女子マラソン　途中棄権（16㎞付近）

1988年1月30日　大阪国際女子マラソン　2時間51分53秒　30位
1989年8月27日　北海道マラソン　2時間48分44秒　3位
11月19日　東京国際女子マラソン　2時間37分34秒　8位
1990年4月22日　ロンドンマラソン　2時間34分42秒　19位
8月26日　北海道マラソン　2時間48分47秒　9位
1992年1月26日　大阪国際女子マラソン　途中棄権（16・8km付近）

仮に、街頭を行き交《ゆか》う方々に、

「一番印象に残っているフィギュアスケートの女子選手を1人あげてください」

というインタビューを行なったならば、渡部絵美《わたなべえみ》、伊藤みどり、村主章枝《すぐりふみえ》、荒川静香、安藤美姫《みき》、浅田真央《まお》、村上佳菜子《かなこ》といった具合に「票が割れる」ことであろう。あるいは、宮原知子《さとこ》、坂本花織《かおり》、本田真凜《まりん》、紀平梨花《きひらりか》らの現役選手の名をあげる方もいるかと思う。これに対して、同じく街頭を行き交う方々に、

「一番印象に残っているマラソンの女子選手を1人あげてください」

というインタビューを行なったならば、10人中6〜7人が増田明美の名をあげるに違いない。それほどに、（私立成田高校時代のお碗《わん》型のヘアスタイルも含めて）現役時代の増田は「記録を残し、

記憶にも残る選手」だったし、また（詳細はあとで触れるが）現役引退後の解説者、タレントとしての活動も多彩である。

こういったこともあって、現役を引退してから30年近い年月を経た現在でも、増田の知名度は「群を抜いている」といっても誤りではないであろう。

そんな増田は千葉県いすみ市（旧・岬町）出身で、中学校入学後は軟式テニス部に所属していた。そんな矢先に、町内で開催された駅伝大会のメンバーに駆り出され、上級生を抜くという好成績をあげる。このことがきっかけで（軟式テニス部に所属したまま）陸上競技部にも入部し、ある大会の８００ｍで優勝した。さらに、たまたま増田の走りが成田高校陸上競技部の監督・瀧《たき》田《た》詔生《つぐお》の目にとまり、スカウトを受けて成田高校へ進学する。

なお、マラソンとは直接関係がないが、瀧田は大河ドラマ『徳川家康』などに主演した俳優・滝田栄《さかえ》の兄だが、兄弟で姓の表記（＝瀧田、滝田）が異なるので注意を要する。

それはともかく、その頃の成田高校は全国の高校の中でも、特に練習面で大変整った環境だった。また、瀧田は増田に相当期待していたようで、自宅が遠い増田と樋口葉子とを自宅に下宿させている。ちなみに、さまざまな大会で数々の好成績を収めた樋口こそ、「増田明美の最初のライバル」といってもよい存在の名ランナーである。

これに対して、成田高校入学後の増田は、コンディションの不調に悩まされた。やむなく、瀧田が帰って休むように告げたことも一再《いっさい》ではなく、一時はマネージャー就任を打診したこともあったという。しかし、増田はそういった中でも厳しい練習をやめず、高校3年の時には5000m、10000mで日本新記録を含む好記録を連発する。圧巻だったのは昭和56年（1981）6月の東京でのアジア陸上競技大会の5000m、10000mで、増田は両種目で優勝という快挙をなし遂げた。

中でも、アリソン・ロー（ニュージーランド）、ジョーン・ベノイト（アメリカ）、佐々木七恵《ななえ》らも出場した公開競技の10000mでは、高校生であり、身長150㎝の増田が身長173㎝のローを破るという名場面も演じられている。

また、増田が同じ時代に男子マラソンで活躍した瀬古利彦になぞらえて、「女瀬古」という異名で呼ばれたのはこの頃のことだった。

ところで、増田は前回の東京オリンピックが開催された昭和39年の生まれだが、ローとベノイトはともに同32年生まれで、ローは4月のボストンマラソンで優勝しており、ベノイトはのちにロサンゼルスオリンピック・女子マラソンで優勝した。一方、同31年生まれの佐々木は増田に敗れたのが相当悔《くや》しかったらしく、陸上競技に専念するべく高校教員という職を捨て、実業団・ヱスビー食品陸上部の監督・中村清の門を叩《たた》くことになる。

以上のように内外の並いる名ランナーを撃破した増田は、やがてマラソンへの挑戦を開始する。

同57年2月には千葉県選手権光町マラソンへ出場し、初マラソンながらいきなり優勝（2時間36分34秒）した。同大会は日本陸上競技連盟公認の大会ではなかったが、この2時間36分34秒は初マラソンの日本最高記録である。

次いで、成田高校の卒業後は実業団・川崎製鉄（現・JFE）千葉陸上部の所属となった。前後したが、監督の瀧田、選手の増田、樋口らを受け入れる恰好《かっこう》で、川崎製鉄千葉に陸上部が創設されたのである。当初、5000m、10000mで日本国内や海外の大会へ出場した増田は、国内では佐々木と何度も激闘を繰り広げた。また、海外遠征では日本新記録を樹立したこともあったが、それでも優勝やメダル獲得にはいたっていない。

しかし、この頃の増田はコンディションの不調に悩まされ続けていた。当時、増田は監督の瀧田をはじめとする周囲の人々にすら告げなかったようだが、原因は貧血であるという。それをおして出場した同58年1月30日の大阪女子マラソン（のち大阪国際女子マラソンと改称）では14・7km付近で意識を失い、途中棄権となった。この時は、

「増田明美は優勝も狙える」

などとマスコミで報じられていただけに、沿道に詰めかけていた観衆の中から悲鳴があがったほどである。なお、

「1週間前（同月23日）に都道府県対抗女子駅伝へ出場させたのが悪い」

などとする声も多くあがったという。前後したが、増田は23日に開催された第１回都道府県対抗女子駅伝で千葉県チームのアンカー（９区／10㎞）をつとめ、記念すべき最初のゴールテープを切って千葉県チームの優勝（２時間29分02秒）に貢献していた。意識を失った直接の原因は貧血と推測されるが、１週間前に最低気温８・７度の都大路を10㎞走ったことが小柄な増田にはこたえたのかも知れない。

それでも、周囲の人々のサポートや、全国の人々の励ましを受けた増田は、同年９月に渡米してナイキオレゴン・ユージンマラソンで優勝（２時間30分30秒）した。このタイムは当時の日本最高記録である。

次いで、同59年１月の大阪国際女子マラソンに増田は出場する。この時のレースで増田は終盤まで快調に独走を続けるも、最終盤の40・９㎞付近で伏兵ともいうべきカトリン・ドーレ（ドイツ）にかわされて２位（２時間32分05秒）となった。

やがて、順位、タイム、それに終盤まで快調に独走した積極的なレース内容が評価され、ライバル・佐々木とともに「日本最初の女子マラソン選手」として同年８月のロサンゼルスオリンピックへの出場が決まる。

ところが、ロサンゼルスでのレースに備えるべく、国内や海外での練習を行なったものの、コンディションを大きく崩してしまう。そういった中で挑んだ８月５日のロサンゼルスオリンピック・

女子マラソンでは、序盤に抜け出すなどポジティブな一面をみせたが、集団に呑《の》み込《こ》まれた挙《あ》げ句《く》、16㎞付近で途中棄権を余儀《よぎ》なくされている。

その後の増田はいったん、法政大学へ入学して学生生活を送るが、やがて退学してアメリカへ留学する。帰国後、NECの所属となって以降、同63年1月の大阪国際女子マラソン、平成元年（1989）8月の北海道マラソン、11月の東京国際女子マラソン、同2年4月のロンドンマラソン、8月の北海道マラソンに出場するが、東京国際女子マラソンの日本人最高の順位（8位）や、ロンドンマラソンのタイム（2時間34分42秒）を除くと、ほかの順位、タイムは不本意なものであった。

このため、同4年1月、引退レースに決めた大阪国際女子マラソンに出場したものの、右足の激痛のために16・8㎞地点で途中棄権する。原因は疲労骨折だったという。

ちなみに、増田はマラソン中継の解説などの際に、

「私は大観衆の中、トップでゴールしたことがない」

という意味の発言をしたことがある。結局、トラック競技では何度も優勝したことがある増田も、マラソンでは世界陸上、オリンピックのみならず、東京、大阪、名古屋の国内3大大会で優勝経験のないまま現役を引退した。

周知のとおり、現役引退後の増田は、マラソンや駅伝のテレビ中継で解説者をつとめている。特にオリンピックの女子マラソン中継では必ずといってよいほど、増田が解説者をつとめることが多

い。なお、かつてのマラソン中継では各選手の体調や5㎞ごとのラップなどが強調されることが多かったように思う。この点を不満に思っていた増田の解説には、選手のみならず家族、監督、コーチといった関係者のレースに対する思いや趣味、嗜好《しこう》などといった個人的な情報までを「こと細かに」に紹介する点に特徴がある。このため、

「不必要な情報を紹介し続けている」

と解説の手法に苦言を呈する向きもあるという。確かに、増田の解説は、男子のマラソン、駅伝の解説を担当することが多い金哲彦《きんてつひこ》が「ハムストリングが……」などと的確、かつ専門的な解説をするのとは対照的であるといえよう。

そういえば、増田は大阪芸術大学教授をつとめているが、引退後に大学、実業団の寮で選手と苦楽をともにしながら、長期にわたって監督、コーチとして選手を指導したことがない。こういったあたりが、金と増田の解説が対照的である理由なのかも知れない。

一方、現役引退後に多彩なタレント活動をしている点も、増田の特徴の一つである。俳優、タレントに転じて成功したオリンピック選手には、ヘルシンキオリンピックで銀メダルを獲得した浜口喜博《よしひろ》、前回の東京オリンピックで6位入賞の木原美知子《みちこ》（芸名・木原光知子）、バルセロナオリンピックで8位入賞の藤本隆宏《たかひろ》など、競泳の選手が多いように思う。無論、田島寧子《やすこ》はシドニーオリンピックで銀メダル獲得後、「女優宣言」をして話題となったが、ほかにも俳優活動、タレント活動をし

たオリンピック選手は少なくない。

ただし、俳優、もしくはタレントとしてのキャリアでは木原、藤本、そしてマラソンの増田の3人にまさるオリンピック選手はいないといってても大過はないであろう。余談ながら、高身長を生かして映画の『ガメラ』シリーズ、テレビの『少年ジェット』といった作品に出演した浜口は、乞《こ》われて日本水泳連盟常務理事などの要職を歴任している。

それはともかく、増田はテレビのものまね番組で歌手・都《みやこ》はるみのものまねを披露したり、女優として出演したドラマではきわどいシーンを演じたこともある。

別のバラエティー番組ではアイドルグループ・TOKIOのメンバーとともに発車する列車と競争をしたこともあった。このうち、ものまねでは風貌《ふうぼう》の似ている御本人（＝都）に衣装（和服）を借りて熱唱し、列車との競争ではメンバーにバトンを渡した直後にバランスを崩して草むらに顔を突っ込むなどというコミカルな一面もみせている。

一方、マラソン、駅伝解説での増田の話し方（テンポ、トーン）は絶妙であるとされ、

「増田明美の話し方には本職のアナウンサー、ナレーター、声優もかなわない」

などと識者がコメントしてきた。このため、増田は平成時代の半ばから（マラソン、駅伝中継以外にも）テレビのCM、ドキュメンタリー番組でのナレーションなどを数多くつとめている。近年のCMの中では、「下町の玉三郎」こと俳優の梅沢富美男《とみお》との「かけあい」の軽四トラックのCMが、

特に話題となったように思う。

以上のような解説者、タレントとしての活動以外にも、増田は日本陸上競技連盟理事、文部科学省中等教育審議会委員、中野区教育委員会教育委員といった要職を歴任しており、現在も大阪芸術大学教授や、スポーツ団体などの役員として活躍を続けている。

宮原美佐子　好機を捉えた元祖シンデレラガール

【生年・経歴】

生年＝1962年、出身＝埼玉県、経歴＝川口市立川口高校→旭化成

【主な大会記録】

1985年3月3日　名古屋国際女子マラソン　2時間47分53秒　12位
　　　11月17日　東京国際女子マラソン　2時間38分07秒　6位
1986年3月2日　名古屋国際女子マラソン　2時間42分02秒　4位
　　　10月1日　アジア大会・女子マラソン　2時間41分36秒　2位
1987年1月25日　大阪国際女子マラソン　2時間32分10秒　3位
　　　4月10日　ロンドンマラソン　2時間33分41秒　6位
1988年1月31日　大阪国際女子マラソン　2時間29分37秒　2位

9月23日　ソウルオリンピック・女子マラソン　2時間35分16秒　29位
1989年11月19日　東京国際女子マラソン　2時間47分27秒　14位

たった一度の好機を捉《とら》えて活躍したり、出世したりする女性のことをヨーロッパのおとぎ話のヒロインになぞらえ、シンデレラということがある。通常、日本の女子マラソンのランナーでシンデレラ、シンデレラガールというと、小鴨由水《こかもゆみ》（87頁「小鴨由水」の項参照）の名をあげる向きが多い。しかし、実は小鴨以前に好機を捉えた元祖シンデレラガールがいた。それは昭和63年（1988）のソウルオリンピックの女子マラソンに出場した宮原美佐子である。もともと、宮原は女子マラソンのランナーではなく、高校では中距離の800m、1500mが専門だった。また、高校時代には全国規模の大会で大活躍するような記録は残しておらず、卒業後は一般のOLとして旭化成に入社したという。それでも、社内のスポーツ行事に参加した際、たまたま旭化成陸上部監督の宗茂の目にとまり、陸上部へ入部、活動拠点のあった旭化成延岡支社への転勤を命じられた。

仮に宗茂の目にとまっていなければ、元祖シンデレラガールのソウルオリンピック出場はなかったことになる。したがって、宗茂（オリンピックに2回出場）のランナーとしての実績だけなく、そのスカウト眼にも敬意を表するべきであろう。しかし、当初は長丁場であるマラソンのペース配分に苦しみ、入部後の数年間は2時間50分前後から3時間超えという成績しか残せていない。それでも、宗茂や、弟でコーチの宗猛（オリンピックに2回出場）らの指導を受け、都道府県対抗女子駅伝、全日本実業団女子駅伝で活躍した。

そんな宮原が女子マラソンで好成績を残すようになったのは、昭和60年（１９８５）の東京国際女子マラソン以降である。この大会で6位（2時間38分07秒）入賞を果たした宮原は、以後、同61年の名古屋国際女子マラソンで4位（2時間42分02秒）、ソウルでのアジア大会・女子マラソンで3位（2時間41分36秒）、同62年の大阪国際女子マラソンで3位（2時間32分10秒）、ロンドンマラソンで6位（2時間33分41秒）といった具合に、コンスタントに好成績をあげた。

そして、同63年1月31日の大阪国際女子マラソンでは優勝したリサ・マーチン（オーストラリア）にこそ敗れたが、日本の女子ランナーとして初めて2時間30分の壁を突破する2時間29分37秒の日本最高記録で2位に入賞する。無論、宮原はソウルオリンピックの女子マラソンへの出場が決まったが、一般のOLからオリンピック出場を果たした宮原が、当時のテレビ、新聞によってシンデレラガールともてはやされたのはこの頃のことである。

しかし、荒木久美、浅井えり子とともに出場した同年9月23日のソウルオリンピック・女子マラソンでは、3選手とも上位入賞は果たせず、浅井が25位、荒木が28位、宮原が29位に終わっている。このうち、宮原の記録は2時間35分16秒だった。

その後、宮原は平成元年（１９８９）の東京国際女子マラソンを最後に現役を引退し、結婚して子宝にも恵まれる。なお、以後も旭化成のランニングアドバイザーをつとめた宮原は、同４年のバルセロナ、同８年のアトランタ、同12年のシドニーの各オリンピックの女子マラソンなどでテレビの解説者をつとめた。また、名古屋国際女子マラソンでは数年間、バイクに乗って実況をするというアクティブな一面もみせている。

さらに、市民ランナーとして東京国際女子マラソンや名古屋国際女子マラソンなどに出場し、２時間30分台から40分台という記録を残した。

その一方で宮原は、出身地の川口市行政審議会委員、埼玉県教育委員会教育委員、川口市議会議員など、地方行政や教育関係の要職をつとめた。

これらの要職を歴任する段階で国政に強い関心を持ったらしく、第45回衆議院議員総選挙（同21年）の愛知県第２区に政党公認で出馬する。けれども、選挙では小選挙区で対立候補に10万票以上の大差で敗れ、比例での復活も果たせず落選した。

荒木久美　中距離や駅伝でも活躍をした実力者

【生年・経歴】

生年＝1965年、出身＝福岡県、経歴＝久留米《くるめ》市立南筑《なんちく》高校→京セラ

【主な大会記録】

1986年10月1日　アジア大会・10000m　33分20秒75　2位

1987年9月4日　世界陸上・10000m　33分15秒08　18位

1988年1月31日　大阪国際女子マラソン　2時間31分40秒　3位

9月23日　ソウルオリンピック・女子マラソン　2時間35分15秒　28位

1989年11月5日　ニューヨークシティマラソン　2時間30分00秒　4位

1990年3月4日　名古屋国際女子マラソン　2時間32分37秒　2位

9月30日　アジア大会・女子マラソン　2時間35分34秒　2位

1991年8月25日　世界陸上・女子マラソン　2時間38分27秒　12位
1992年1月26日　大阪国際女子マラソン　2時間31分14秒　10位

荒木久美は昭和63年（1988）9月のソウルオリンピック・女子マラソンに出場したことで知られているが、実業団・京セラ陸上部時代は10000mで国際大会に出場し、東京国際女子マラソン、全日本実業団女子駅伝などでも好成績を収めている。また、同年1月の大阪国際女子マラソンでは序盤、中盤は2位（2時間29分37秒）の宮原美佐子や、浅井えり子のハイペースについていけなかったが、3位（2時間31分40秒）でゴールした。わけても、ゴールである長居陸上競技場へ入る直前、前を走っていた浅井をかわした荒木のことは、陸上競技関係者の間で今なお「語り草」となっている。

以上のような根性溢《あふ》れるレース運びが高く評価されたのであろう。荒木は宮原、浅井とともに同年のソウルオリンピック・女子マラソンへの出場が決まった。

そんな荒木は福岡県小郡市出身で、久留米市立南筑高校を卒業後は京セラ陸上部に所属した。冒頭の【主な大会記録】であげた以外にも、トラック競技の10000mなどで好成績を残しているが、わけても「気を吐《は》いた」感があるのが都道府県対抗女子駅伝や全日本実業団女子駅伝である。特に、全日本実業団女子駅伝では後輩である山下佐知子とともに、京セラ黄金時代を支えたといっても過言ではあるまい。

なお、平成2年(1990)5月の水戸国際陸上・5000mでは、15分37秒72で優勝した。この記録は増田明美が保持していた記録を上回る、当時の日本新記録である。

そして、期待されたソウルオリンピックの女子マラソンではスタート直後、競技場内で集団に巻き込まれて転倒した。不可抗力で外国人選手に過失はなかったが、結果として荒木らは踏みつけられるという不運に見舞われた。適切な例えとはいえないかも知れないが、競馬に「馬群《ばぐん》に沈む」という表現がある。国際大会の経験が少なかった荒木らの選手、それにコーチ陣は、集団に巻き込まれて転倒し、踏みつけられることになるとは夢にも思わなかったのだろう。それでも、立ち上がった荒木は、痛みをこらえてレースを続け、28位(2時間35分15秒)でゴールしたが、ゴール直後に倒れ込む。実は先に触れた転倒で大腿部《だいたいぶ》を痛め、言語を絶する激痛をこらえての完走だった。

ソウルオリンピック後の荒木は、平成元年のニューヨークシティマラソンで4位(2時間30分00秒)、同2年の名古屋国際女子マラソンで2位(2時間32分37秒)、アジア大会・女子マラソンで2位(2時間35分34秒)と好成績を重ねた。

なお、荒木のベストタイムは右で紹介したニューヨークシティマラソンでの2時間30分00秒で、現役時代はついに2時間30分を切ることができなかった。

しかし、アジア大会では昭和61年に10000mで、平成2年にはマラソンでそれぞれ2位となり銀メダルを獲得している。松野明美らですらアジア大会ではトラック競技と、マラソンの双方に出場しておらず、荒木の銀メダル二つというのは不朽の金字塔といってよいであろう。

次いで、同4年1月26日の大阪国際女子マラソンでも優勝最有力と期待され、荒木に新聞、テレビなどのマスコミの取材が殺到する。ところが、蓋《ふた》を開けてみると小鴨由水《こかもゆみ》、松野といった初マラソンながら10000mを得意とするランナーのペースにまったくついていけず、最終的に10位（2時間31分14秒）に終わってしまう。

この後、同年のバルセロナオリンピック・女子マラソンには小鴨、山下、有森裕子《ゆうこ》が選ばれ、荒木の2大会連続のオリンピック出場は実現しなかった。

この間、荒木本人がインタビューで口にすることはなかったようだが、大腿骨《だいたいこつ》疲労骨折《ひろうこっせつ》で十分に練習時間がとれず、人知れず苦労を重ねたという。その後、荒木はトラック競技に活躍の場を求めたが、2度目のオリンピック出場が実現せぬまま現役を引退している。

浅井えり子　コーチとの二人三脚で名高い努力家

【生年・経歴】

生年＝１９５９年、出身＝東京都、経歴＝東京都立足立高校↓文教大学↓日本電気ホームエレクトロニクス（ＮＥＣ－ＨＥ／旧・新日本電気）

【主な大会記録】

１９８４年３月４日　名古屋女子マラソン　２時間38分31秒　４位
11月18日　東京国際女子マラソン　２時間33分42秒　２位
１９８５年１月27日　大阪国際女子マラソン　２時間40分11秒　９位
４月13日　ワールドカップ広島大会・女子マラソン　２時間37分19秒　９位
11月17日　東京国際女子マラソン　２時間45分24秒　14位
１９８６年１月26日　大阪国際女子マラソン　２時間34分47秒　２位

10月１日　アジア大会・女子マラソン　２時間41分03秒　優勝
11月16日　東京国際女子マラソン　２時間40分44秒　７位
１９８７年８月30日　世界陸上・女子マラソン　２時間49分44秒　26位
１９８８年１月31日　大阪国際女子マラソン　２時間32分13秒　４位
9月23日　ソウルオリンピック・女子マラソン　２時間34分41秒　25位
１９９２年３月１日　名古屋国際女子マラソン　２時間31分42秒　３位
11月15日　東京国際女子マラソン　２時間31分41秒　５位
１９９３年３月７日　名古屋国際女子マラソン　２時間28分22秒　４位
１９９４年３月13日　名古屋国際女子マラソン　２時間30分30秒　優勝

昭和63年（１９８８）のソウルオリンピック・女子マラソンに出場した浅井えり子は、現役として活動した期間が長いランナーである。東京都立足立高校、文教大学で陸上競技部に所属した浅井は同55年の東京国際女子マラソンで初マラソンを経験するが、最初の数年間は３時間前後という不本意なタイムに終始した。それでも、文教大学を卒業後、実業団・新日本電気（のちの日本電気ホームエレクトロニクス／ＮＥＣ－ＨＥ）陸上部監督・佐々木功の指導を受けて以降、２時間30分から40分のタイムを残すようになる。何しろ、当時、新日本電気の陸上部は男子部員が大部分で、女子部員は浅井1人だったというのだから、女子の浅井にとっては練習が相当きつかったに違いない。

ともあれ、きつい練習の甲斐《かい》あって、同59年3月の名古屋女子マラソンでは日本人最高の2時間38分31秒でゴールする。けれども、順位が3人の外国人選手に次ぐ4位であったこと、増田明美の大阪国際女子マラソン2位（2時間32分05秒）、佐々木七恵《ななえ》の東京国際女子マラソン優勝（2時間37分09秒）のタイムには及ばなかったため、惜しくもロサンゼルスオリンピック・女子マラソンへの出場は果たせなかった。

しかし、浅井の活躍が顕著となるのは、ロサンゼルスオリンピック後に佐々木、増田の2人が相次いで現役を引退してからである。以後、同年11月の東京国際女子マラソンでは2位（2時間33分42秒）でゴールするが、タイムは当時の日本歴代2位だった。

さらに、同61年1月の大阪国際女子マラソンで2位（2時間34分47秒）となり、同年10月のソウル（韓国）でのアジア大会・女子マラソンでは2時間41分03秒で優勝する。このうち、アジア大会の女子マラソンが行なわれた10月1日が韓国の軍隊の記念日・国軍の日であったために沿道に観客がまったくおらず、監督、コーチが車で伴走することすら認められないという異様な環境でのレースだった。精神的にかなりきつかったのだろう。ゴールしたあと、優勝した浅井は2位となった宮原美佐子と固く抱き合い、たがいの健闘を称《たた》え合っている。

しかし、ソウルオリンピックの選考レースだった同63年1月31日の大阪国際女子マラソンでは、終盤の30km付近まで宮原と併走するが、スパートについていけなくなって宮原の先行を許した（宮原は2位）。そして、ゴールである長居陸上競技場へ入る直前に荒木久美にも抜かれ、4位（2時間32分13秒）でゴールする。

なお、ゴール直前、疲労困憊《こんぱい》した浅井はよろめき、転倒するほどであったが、宮原、荒木に続く3人目の選手としてソウルオリンピックの女子マラソン選手に選出されている。

同年9月23日のソウルオリンピック・女子マラソンでは、日本人最高の25位（2時間34分41秒）に入ったが、タイム的には外国人選手に大きく水をあけられた。

以後、浅井は故障に悩まされ、思うようにタイムが出せない日々が続く。さらに、国内の主要大会では招待選手の選考から漏れるという不運も重なる。それでも、佐々木の指導の下、何と浅井は平成4年（1992）3月の名古屋国際女子マラソンに一般参加し、最後の最後まで先頭集団にくいさがって3位（2時間31分42秒）に入賞した。

ところで、10年以上という長きにわたって活躍した浅井であったが、意外なことに自己ベストが2時間30分を切ったことはなく、また東京、大阪、名古屋の国内3大大会での優勝経験もなかった。そのことは浅井本人も相当悔《くや》しかったらしく、ソウルオリンピックのあとも東京国際女子マラソン、名古屋国際女子マラソンへの挑戦を続けている。その甲斐《かい》もあって、平成5年の名古屋国際女子マラソンで2時間28分22秒を記録して2時間30分の壁を突破した。さらに、同6年の名古屋国際女子マラソンで2時間30分30秒でゴールし、ようやく国内3大大会の一つで優勝を果たした。当時の浅井が34歳4か月という年齢であったことを思えば、この成績は称賛されてしかるべきであろう。

前後したが、女子マラソンのランナーとしての浅井に触れる場合、NEC－HE陸上部の監督だった佐々木功を抜きにしては語ることができない。浅井を10年以上にわたって指導していたその佐々木は、同6年夏に体調不良を訴えて大学病院へ緊急入院をした。精密検査の結果、実に悲しいことに佐々木が末期のガンであること、余命が数か月であることが判明する。そのことを契機として、佐々木と浅井の2人は入籍した。その後、一時は海外旅行にいけるほど、佐々木の病状は回復するが、浅井の看病の甲斐《かい》もなく、佐々木は同7年3月13日に逝去する。52歳の若さであった。

以後の浅井は文教大学教育研究所客員研究員、帝京科学大学客員教授などを歴任する。また、佐々木の指導法を継承しつつ、市民ランナーに走法の指導を続けている。

柏木千恵美　京都初優勝に貢献した駅伝アンカー

【生年・経歴】
生年＝1960年、出身＝京都府、経歴＝兵庫県立津名《つな》高校→ユニチカ→ワコール

【主な大会記録】
1982年1月24日　大阪女子マラソン　2時間55分25秒　20位
1983年1月30日　大阪女子マラソン　2時間51分57秒　20位
10月23日　ニューヨークシティマラソン　2時間55分24秒　62位
1984年1月22日　都道府県対抗女子駅伝　京都府チーム　2時間27分14秒　優勝
（柏木／9区＝35分14秒）
29日　大阪女子マラソン　2時間45分29秒　17位
11月18日　東京国際女子マラソン　3時間01分45秒　25位

1987年1月25日　大阪国際女子マラソン　2時間40分10秒　12位
1988年1月31日　大阪国際女子マラソン　2時間39分25秒　14位
1989年3月5日　名古屋国際女子マラソン　2時間38分48秒　8位
1990年3月4日　名古屋国際女子マラソン　2時間44分04秒　14位

マラソンを含む長距離の女子ランナー育成に大きく貢献している大会として、都道府県対抗女子駅伝をあげてもよいであろう。西京極陸上競技場（京都市）をスタート、ゴールとして昭和58年（1983）にはじまったこの大会には、本書で取り上げた佐々木七恵《ななえ》、増田明美以降の長距離、マラソンのランナーの大部分が出場経験がある。

ところで、令和元年（2019）で38回を数えた都道府県対抗女子駅伝だが、地元・京都府チームはそのうちの17回も優勝している。

他の都道府県の優賞回数は兵庫県チームが4回、大阪府チームと千葉県チームがいずれも3回であるから、京都府チームの優勝17回という成績がいかにすごいかがわかろう。

しかし、京都府チームも昭和58年の第1回の都道府県対抗女子駅伝では千葉県チームに優勝（2時間29分07秒）を許し、2位（2時間29分43秒）に甘んじた。

前後したが、都道府県対抗女子駅伝の記念すべき第1回の選手宣誓は地元・京都府チームの主将である柏木千恵美《ちえみ》が行なった。

昭和58年1月23日の第1回のレースでは柏木はエース区間の9区（10㎞）を任され、千葉県チーム、兵庫県チームに次ぐ3位でタスキを受け継ぐ。この後、柏木が4㎞付近で兵庫県チームのアンカーをかわし、さらに前を進む千葉県チームのアンカー・増田明美を追撃した。しかし、増田はそのままゴールして優勝してしまう。

結局、京都府チームは2位となったが、9区の区間タイムは柏木は35分27秒だったので、35分36秒の増田に勝っていたことになる。このような走りが評価された柏木は5人の優秀選手の1人に選ばれたが、レース結果を大変悔《くや》しく感じていたのだろう。当時は昼間、ユニチカで働いていたが、以後は従来以上に練習に励み、雪辱《せつじょく》の機会を窺《うかが》った。

そういったひたむきな努力が認められ、柏木は同59年1月22日の第2回都道府県対抗女子駅伝でも9区を任された。なお、柏木は兵庫県立津名高校（兵庫県淡路市《あわじし》）から実業団・ユニチカ陸上部の所属となったランナーで、この時代のライバルたちの多くがそうであったようにトラック競技の中距離、長距離から女子マラソンへ挑戦した。

女子マラソンでの実績は何度か兵庫県内の大会などで優勝しているが、昭和57年から出場した国内3大大会（東京、大阪、名古屋）では2時間40分台から3時間超えという不本意なタイムが続く。

当然、順位もベスト10入りが果たせなかったが、同63年の大阪国際女子マラソンで2時間39分25秒と初めて2時間30分台を出して14位に入った。次いで、平成元年（1989）の名古屋国際女子マラソンでは自己ベストの2時間38分48秒を記録し、8位に入っている。以上のように、柏木のマラソンランナーとしての全盛期は元号が昭和から平成に変わるあたりなのだが、実業団時代の初期の名場面こそ昭和59年1月22日の第2回都道府県対抗女子駅伝であるといえよう。

この大会では増田が同月29日の大阪女子マラソンを控えていたため、前年に優勝した千葉県チームが増田を出場させないという措置をとった。なぜならば、増田は優勝した前年1月23日の第1回大会の1週間後、大阪女子マラソンで途中棄権（14・7㎞付近）をしていたからである。なお、都道府県対抗女子駅伝の主催者は日本陸上競技連盟、京都新聞社、NHKであるが、昔も今も、この駅伝はNHKによってテレビ放送されている。

千葉県チームが増田を出場させなかったことに対し、テレビの前の視聴者の中から千葉県チームの関係者を詰《なじ》る声もあがったと聞く。この措置を「羹《あつもの》に懲《こ》りて膾《なます》を吹く」と評する陸上競技関係者もいたという。それでも、最終的な駅伝中継の瞬間視聴率は40％を超えたというから、当時の女子駅伝の人気の高さが窺える。

1月22日の大会当日、西京極陸上競技場をスタートしたあと、1㎞付近手前で千葉県チームの1区を任された河合美香がスパートし、そのまま中継点で2区の寺越さおりにタスキを渡した。以後、千葉県チームは8区まで1位のまま9区のアンカー・樋口葉子にタスキをつなぐ。一方、京都府チームは1区の太田恵子、2区の猪ノ口真知子がどうにか踏ん張り、猪ノ口が5位にまで順位を上げた。次いで、3区の松本昌子が区間2位で走り抜けて順位を2位とし、以後は4区の藤村信子、5区の湯川千津子、6区の石倉あゆみ、7区の涌田真由美、8区の村西京子が2位を死守する。このうち、湯川、石倉、涌田の3人は区間1位の快走を披露《ひろう》したので、沿道へ詰めかけた観客も、「これならば優勝も狙える」との思いを抱いたようである。なお、現在、8区（3㎞）は中学生ランナーが出場するジュニアBの区間だが、昭和59年当時は一般ランナーの区間だった。

その8区では涌田からトップと4秒差でタスキを受け取った村西が、一時は千葉県チームのランナーに追いつく。ところが、やがて村西はペースについていけなくなったものの、それでも区間4位で走り、2位で柏木にタスキを渡した。

タスキの受け渡しの時点では、千葉県チームのアンカー・樋口と京都府チームのアンカー・柏木との差は、距離にして約100mだったとされている。タスキを受け取った直後、柏木はすぐにスパートして徐々に差を詰め、1・4㎞付近で樋口をかわした。そして、そのまま快走を続け、区間7位の35分14秒でゴールして京都府チームを初めての優勝（2時間27分14秒）に導いた。前年の千葉県チームは3区から一度もトップを譲らずに優勝しているので、これが同駅伝では初めての「アンカー区間での逆転劇」ということになる。逆に、増田を温存した千葉県チームは京都府チームから1分近くも遅れて2時間28分11秒の2位となり、連覇を逸している（増田は同月29日の大阪女子マラソンで2時間32分30秒＝2位となり、ロサンゼルスオリンピックへの出場が決まる）。

　先に触れたとおり、京都新聞社はこの都道府県対抗女子駅伝の主催者でもあるが、翌日の『京都新聞』1面のトップには、

「京都が初優勝　鮮やか、柏木力走　栄光のゴール、胸はって」

　という大きな見出しが踊っており、文字どおり胸をはり、白い手袋をはめた両手を大きく広げてゴールする柏木の写真が掲載されている。さらに、スポーツ面には、

「京都　根性の栄冠　〝鬼《おに》〟になった淑女《しゅくじょ》　100メートル差　めらめら闘志」

　という見出しも踊っており、柏木が樋口をかわした名場面の写真も掲載されている。この日の『京都新聞』の都道府県対抗女子駅伝関係の記事は、全部合わせると5面（ページ）を優に超えるように思う。その『京都新聞』に掲載されているインタビューによると、柏木は1・4㎞付近で樋口をかわしたが、

「樋口さんはスピードがあるからこわい。引き返し点まで後ろが気になってしようがなかった」

　と答えている。前後したが、樋口は増田の私立成田高校の同級生、実業団・川崎製鉄千葉（現・JFEスチール）のチームメイトで、それまでに中・長距離で確固たる成績を収めていた名ランナーである。つまり、柏木も「増田明美の最初のライバル」である樋口の実力を熟知しており、相当警戒していたわけだが、区間19位の樋口が逆襲する場面はついにみられなかった。ともあれ、平成、

令和の今日では陸上競技関係者ですら、

「高橋千恵美《ちえみ》の名は聞いたことがあるが、柏木千恵美の名は聞いたことがない」

というに違いない。なお、高橋は平成12年9月のシドニーオリンピック・10000mに出場し、
陸上競技界で「長距離の優等生」と称《たた》えられた名ランナーである。

先に触れたとおり、同駅伝の1週間後の大阪女子マラソンに柏木も出場するが、17位（2時間45分29秒）とふるわなかった。しかし、京都府チームを初優勝に導いたエースとして、アンカー勝負という駅伝の醍醐味《だいごみ》を沿道の観客、テレビの前の視聴者に教えてくれた功労者として、柏木千恵美の名は長く記憶されてしかるべきであると思う。

第2章　女子マラソン発展期の個性派たち（I）

——平成時代前期

谷川真理　引退後も多彩な活動を続ける人気者

【生年・経歴】

生年＝1962年、出身＝福岡県、経歴＝私立武蔵野《むさしの》高校↓一橋スクールオブビジネス↓フリー↓資生堂↓良品計画

【主な大会記録】

1989年11月19日　東京国際女子マラソン　2時間43分04秒　11位
1990年3月4日　名古屋国際女子マラソン　2時間37分30秒　5位
12月9日　東京国際女子マラソン　2時間34分10秒　2位
1991年11月17日　東京国際女子マラソン　2時間31分27秒　優勝
1992年11月15日　東京国際女子マラソン　2時間33分57秒　6位
1993年3月7日　名古屋国際女子マラソン　2時間34分15秒　14位

11月21日　東京国際女子マラソン　２時間28分22秒　２位
１９９４年４月24日　パリマラソン　２時間27分55秒　優勝
11月20日　東京国際女子マラソン　２時間34分31秒　７位
１９９５年11月19日　ボストンマラソン　２時間31分48秒　７位
１９９６年３月10日　名古屋国際女子マラソン　２時間35分36秒　23位

昭和から平成、令和の現在まで、皇居（東京都千代田区）の周辺などではジョギングにいそしむ人々、すなわちジョガーの姿が跡を絶たないが、そのジョガーの中から女子マラソン界を代表するランナーとなったのが谷川真理《まり》である。なお、アテネオリンピック・１１０ｍハードルで13秒39の日本新記録（当時）を出した谷川聡《さとる》（１９７２〜）は従弟《いとこ》に当たるというから、谷川一族は陸上競技向きの優れたＤＮＡを有しているのだろう。

しかし、私立武蔵野高校時代は全国大会とは無縁で、同高校を卒業後は一橋スクールオブビジネスを経て都内でＯＬとなった。それでも、たまたま同僚と皇居周辺へ花見にいった時にジョガーの姿を目にした谷川は、仕事の合間などにジョギングに加わる。そして、20代半ばになってからフルマラソンへの挑戦を開始した。以上のようにマラソンランナーとなった時期が同年代の女子ランナーと比べて遅い谷川は、意外にも佐々木七恵《ななえ》などと同じ大会に出場したことがない。

しかし、一般参加の市民ランナーとして昭和63年（1988）の名古屋国際女子マラソン、平成元年（1989）の大阪国際女子マラソン、ボストンマラソンに出場を続けたことが認められ、同2年に実業団・資生堂陸上部にスカウトされる。

やがて、整った環境で練習をはじめたことが功を奏し、同3年11月の東京国際女子マラソンではレース中盤まで2位集団に踏み留まり、最終盤に前を走っていたワレンティナ・エゴロワ（ソ連）をかわした。谷川はそのまま2時間31分27秒でゴールし、マラソンで初優勝する。なお、谷川は初マラソンであった昭和63年の名古屋国際女子マラソンこそ3時間00分58秒だったが、特に実業団に所属して以降の大会ではコンスタントに2時間30分台を出しており、平成5年の東京国際女子マラソン、同6年のパリマラソンではそれぞれ2時間28分22秒、2時間27分55秒の好タイムを記録している。

このうち、東京国際女子マラソンでの谷川の優勝は昭和58年に優勝した佐々木以来の日本人ランナーの優勝だったため、谷川は翌年、東京都民文化栄誉賞を受賞した。けれども、山下佐知子、有森裕子《ゆうこ》、小鴨由水《こかもゆみ》らが相次いで東京国際女子マラソンの優勝タイムを超える好タイムを記録したことから、谷川はバルセロナオリンピックの選手選考から漏れている。

いうまでもなく、現在の長距離、マラソンで重要視される5㎞、10㎞ごとのラップに大きな波がなく、大会に出れば必ず2時間30分台の前半、さらには2時間20分台の後半を記録しており、「大崩れしない」谷川の姿は見事であったといえよう。

ちなみに、谷川に東京国際女子マラソンで敗れたエゴロワは翌年のバルセロナオリンピックで金メダル、同8年のアトランタオリンピックで銅メダルを、また同じく谷川にパリマラソンで敗れたファツマ・ロバ（エチオピア）はアトランタオリンピックで金メダルを獲得している。のちに金メダリストとなる2人の名ランナーを抑えて優勝した日本人の女子ランナーは、谷川が最初であった。

そんな谷川だったが、アトランタオリンピックの選考レースである平成7年11月の東京国際女子マラソン、同8年1月の大阪国際女子マラソンは故障のために欠場を強いられる。そして、コンディションが万全ではない中、同年3月に最後の選考レース・名古屋国際女子マラソンに出場するが、最初から優勝争いにはまったく絡めないまま遅れはじめ、最終的に23位（2時間35分36秒）でゴールした。万全でなくても「大崩れ」しなかったのは見事というほかはないが、オリンピック出場の夢は果たせずに終わる。

その後、谷川はマラソンの解説者をつとめる一方で、タレント活動も行なっている。かつてはTBSテレビの番組内で開催されている赤坂5丁目ミニマラソンには連年のように出場し、お茶の間の視聴者にその健脚ぶりをみせつけた。また、テレビのバラエティ番組、情報番組に数多く出場しており、昨年、東京オリンピックのマラソン、競歩の札幌開催が決定した時には、自身が北海道マラソンに出場（平成10年）した際の経験を交えて番組でコメントをしていた。ほかにも、谷川は全国各地のマラソン、ハーフマラソン、駅伝の主催、プロデュースをしている。

自身が市民ランナー、ジョガーの出身であるだけに、市民ランナー、ジョガーの立場に立っての運営ができるのであろう。主催、プロデュース面における谷川の堅実な運営手腕は、陸上競技関係者からも高い評価を得ている。

山下佐知子　指導面で存在感を示した不屈の女性

【生年・経歴】
生年＝１９６４年、出身＝鳥取県、経歴＝鳥取県立鳥取東高校→鳥取大学→鳥取大学附属小学校教員→京セラ→第一生命

【主な大会記録】
１９８９年３月５日　名古屋国際女子マラソン　２時間34分59秒　４位
11月５日　ニューヨークシティマラソン　２時間53分15秒　34位
１９９０年１月28日　大阪国際女子マラソン　２時間33分17秒　８位
８月26日　北海道マラソン　２時間35分41秒　２位
１９９１年３月３日　名古屋国際女子マラソン　２時間31分02秒　優勝
１９９１年８月25日　世界陸上・女子マラソン　２時間29分57秒　２位

１９９２年８月１日　バルセロナオリンピック・女子マラソン　２時間36分26秒　４位

平成時代の初期にマラソンランナーとして活躍し、平成４年（１９９２）のバルセロナオリンピック・女子マラソンで４位に入賞した名ランナーである。バルセロナオリンピックのあとは故障のために大会に出場することができぬまま、現役引退を余儀《よぎ》なくされた。

しかし、実業団・第一生命陸上部の監督に就任して以降、山下は尾崎好美《よしみ》、田中智美《ともみ》のオリンピック出場を実現させるなど、女子マラソンの指導者として幾多の実績を残し、日本陸上競技連盟理事に抜擢《ばってき》されたこともある。

そんな山下は鳥取市の出身で、地元の鳥取大学教育学部を卒業して附属小学校教員となった。しかし、思うところあって教員を退職し、実業団・京セラ陸上部に所属する。初マラソンだった同元年３月の名古屋国際女子マラソンで４位（２時間34分59秒）となるが、この時の２時間34分59秒というタイムは当時の初マラソン最高記録だった。

なお、同年11月のニューヨークシティマラソンは３時間近くかかってしまったが、それ以外の大会ではおおむね２時間30分台前半でゴールしている。

次いで、同３年３月の名古屋国際女子マラソンで優勝（２時間31分02秒）するが、留意すべきは山下が夏マラソンに強く、気温20度を大きく上回っても確固たる成績を残している点であろう。特に、同3年8月25日に灼熱《しゃくねつ》の東京都内を走った世界陸上・女子マラソンでは、優勝したワンダ・パンフィル（ポーランド）に最後の最後までくらいつき、惜しくも4秒差の銀メダル（2時間29分57秒）となっている。しかし、日本人選手が世界陸上の女子マラソンでメダルを獲得したのは、この山下の銀メダルが最初であった。

また、同4年8月1日に気温30度を超すという言語を絶する環境で行なわれたバルセロナオリンピック・女子マラソンでは有森裕子《ゆうこ》らの先行を許すが、それでもペースを崩すことなく5位（2時間36分26秒）でゴールした。なお、この時、4位に入った選手のドーピング違反が発覚し、山下は4位に繰り上がっている。結果として、同3年の世界陸上では山下が銀メダル、有森が4位だったが、同4年のバルセロナオリンピックでは有森が銀メダル、山下が4位となった。

バルセロナオリンピック後も、さらなる活躍を期待されたが、残念なことに故障に悩まされ続けた。結局、同7年に第一生命へ移籍したものの、日本国内の主要大会に出場することのないまま、山下は惜しまれつつ現役を引退する。

やがて、第一生命のコーチを経て、女子の監督となった山下は、全日本実業団女子駅伝で第一生命を何度も優勝に導いた。また、愛弟子である尾崎の同24年のロンドンオリンピックへの出場、同じく田中の同28年のリオデジャネイロオリンピックへの出場を実現させるなど、マラソンランナーの育成という分野でも、山下は女性の指導者として確固たる実績を残している。冒頭の【生年・経歴】の箇所に記しているように、山下は鳥取大学教育学部を卒業しており、短期間ながら附属小学校教員の経験もあった。コーチになる以前から、教育、指導の面での知識やノウハウを数多く持っていたのだろう。

そういった手腕が高く評価されたのか、山下は同28年より日本陸上競技連盟理事の職にあり、現在は令和2年（2020）の東京オリンピックナショナルチームの女子強化コーチ（長距離、マラソン）という要職にも就任している。すなわち、日本陸上競技連盟は長くメダル獲得から遠ざかっている女子マラソンの再建を、山下の手腕に託したわけである。

有森裕子　オリンピックで銀・銅を獲得したメダリスト

【生年・経歴】

生年＝1966年、出身＝岡山県、経歴＝私立就実《しゅうじつ》高校→日本体育大学→リクルート

【主な大会記録】

1990年1月28日　大阪国際女子マラソン　2時間32分51秒　6位
1991年1月27日　大阪国際女子マラソン　2時間28分01秒　2位
8月27日　世界陸上・女子マラソン　2時間31分08秒　4位
1992年8月1日　バルセロナオリンピック・女子マラソン　2時間32分49秒　2位
1995年8月27日　北海道マラソン　2時間29分17秒　優勝
1996年7月28日　アトランタオリンピック・女子マラソン　2時間28分39秒　3位
1999年4月19日　ボストンマラソン　2時間26分39秒　3位

2000年1月30日　大阪国際女子マラソン　2時間31分22秒　9位
　　　11月5日　ニューヨークシティマラソン　2時間31分12秒　10位
2001年6月24日　ゴールドコーストマラソン　2時間35分40秒　優勝
　　　11月18日　東京国際女子マラソン　2時間31分00秒　10位

改めての説明は不要かも知れないが、有森裕子《ゆうこ》は平成4年（1992）8月のバルセロナオリンピックで銀メダルを獲得、同8年8月のアトランタオリンピックで銅メダルを獲得という輝かしい成績を残した平成時代初期を代表するマラソンランナーである。特に、アトランタでゴールした直後に、

「自分で自分をほめたいと思います」

と落涙しつつ語ったことは有名で、テレビの前の視聴者の中には「もらい泣き」した方も少なくなかったようである。

そんな有森は岡山市出身で、岡山市立岡北中学校時代はバスケットボール部に所属していた。私立就実高校に入学後は陸上競技部への入部を希望し、陸上競技の経験がない中、どうにか入部が認められている。しかし、県内の高校には優れたランナーが多かったことから、都道府県対抗女子駅伝では3年連続で補欠に回らざるを得なかった。また、日本体育大学へ進学してからも陸上競技を

続けたものの、故障に悩まされた時期もある。

次いで、日本体育大学を卒業してからは実業団・リクルート陸上部の所属となるが、監督の小出義雄によると鈴木博美は天才型、有森は「努力の人」であるという。

やがて、有森は平成2年1月に大阪国際女子マラソンへ出場して、6位（2時間32分51秒）に入った。順位こそ6位だが、この2時間32分51秒というタイムは初マラソンとしては日本最高記録であったから、「リクルートの有森」の名は一気に女子陸上競技界に知れ渡った。

さらに、同3年1月の大阪国際女子マラソンではレースの途中、ソウルオリンピック・女子マラソンで銅メダルを獲得したカトリン・ドーレ（ドイツ）とデッドヒートを繰り広げるが、最終盤のペースについていけず、ドーレの優勝（2時間27分43秒）を許す。それでも、18秒遅れの2位（2時間28分01秒）だったが、このタイムは当時の日本最高記録である。この順位、記録が評価されて出場した同年8月の東京での世界陸上・女子マラソンでは、ワンダ・パンフィル（ポーランド）、山下佐知子、ドーレに続く4位（2時間31分08秒）入賞を果たす。気温25度超えという環境の中でのレースでは、序盤からロザ・モタ（ポルトガル）らが相次いで遅れていった。モタは昭和63年（１９８８）のソウルオリンピック・女子マラソンの金メダリストだったが、そういった中での順位、タイムは高く評価され、これが有森のバルセロナオリンピック代表決定、松野明美の落選（95頁「松野明美」の項参照）へとつながる。

そして、同年8月1日のバルセロナオリンピック・女子マラソンでは、（世界陸上を上回る）気温30度超えという言語を絶する苛酷《かこく》な環境の中、30㎞手前まで3位集団に踏み留まった。やがて、チャンス到来と見た有森はロングスパートをかけ、ついに35㎞付近で先頭のワレンティナ・エゴロワ（ロシア）に並ぶ。以降、登りが続くコースを、6㎞前後もデッドヒートを繰り広げたが、最終盤になってエゴロワについていけず、銀メダル（2時間32分49秒）を獲得した。

銀メダルながら、日本の陸上競技の女性選手がオリンピックでメダルを獲得したのは昭和3年（1928）のアムステルダムオリンピック・800ｍで人見絹枝《ひとみきぬえ》が銀メダルを獲得して以来、64年ぶりの快挙である。しかも、人見は有森と同じ岡山市出身であり、また人見が銀メダルを獲得した日と有森が銀メダルを獲得した日は同じ8月1日（日本時間では8月2日）だった。さらに、8月2日は人見の命日でもある。以上のような、

「同じ岡山市出身、獲得した日も同じで、1日は日本時間では人見絹枝の命日」

という点は、当日のテレビ、翌日の『山陽新聞』をはじめとする新聞、スポーツ新聞でも報じられている。

ところが、バルセロナオリンピック後の有森は、故障のために満足な練習ができない日々が続く。それでも、同7年8月に北海道マラソンへ出場し、優勝（2時間29分17秒）した。夏マラソンで、2時間30分を切る好タイムであることが評価され、有森は同8年7月のアトランタオリンピック・

女子マラソンへの出場が決まる。日本の女子マラソンでは初めての、２大会連続のオリンピック出場だった。

７月28日のアトランタオリンピック・女子マラソンでは、ファツマ・ロバ（エチオピア）が前半から独走する中、有森は２位集団に踏み留まった。やはり、チャンス到来と見た有森はロングスパートをかけ、33㎞付近では２番のエゴロワに並ぶ。しかし、最終盤にはエゴロワのスピードについていけなくなり、さらに競技場に入ってからドーレの猛追を受けた。それでも、どうにかそれを振り切り、銅メダルを獲得した。日本の女子選手が個人競技で、２大会連続して夏季オリンピックでメダルを獲得したのも、競泳・平泳ぎの兵藤秀子（旧姓前畑）が昭和７年のロサンゼルスオリンピックで銀メダル、同11年のベルリンオリンピックで金メダルを獲得して以来の快挙である。

アトランタオリンピック後の有森はプロ宣言して日本最初のプロランナーになったが、以後の数年間はマラソンを走っていない。３年後の平成11年４月、ボストンマラソンに出場して３位（２時間26分39秒）に入賞したものの、同12年以降に出場したマラソンではいずれもタイムが２時間30分を切ることができなかった。

その後、有森は日本体育大学客員教授、日本陸上競技連盟理事、日本プロサッカーリーグ理事、スペシャルオリンピック日本理事長をはじめ、スポーツに関するさまざまな要職を歴任しており、郷里の市民マラソンにアンバサダー、ゲストとして参加している。

また、同26年には岡山県総合グラウンド（岡山市）に有森の銅像が建立された。同グラウンドには人見の銅像も建立されており、さらに競泳の木原美知子《みちこ》（芸名・木原光知子）をモデルとした少女像や顕彰碑もある。

有森のような岡山県出身のランナー、あるいは実業団・天満屋《てんまや》女子陸上部所属のランナーにとっては、同グラウンドの陸上競技場は思い出深い場所に違いない。

ちなみに、同じく岡山市出身（出生地は兵庫県）の木原は昭和39年10月の東京オリンピックに出場し、400mメドレーリレーで4位に入賞した名スイマーだった。当時、岡山県内に温水プールがなかったため、木原は春先から晩秋まで、かつてこの場所にあった屋根のない県営プールで練習を続けたという。

有森裕子の銅像
（岡山県総合グラウンド）

小鴨由水　ノーマークからオリンピック出場した時の人

【生年・経歴】
生年＝１９７１年、出身＝兵庫県、経歴＝兵庫県立明石《あかし》南高校→ダイハツ工業→岩田屋

【主な大会記録】
１９９２年１月26日　大阪国際女子マラソン　２時間26分26秒　優勝
８月１日　バルセロナオリンピック・女子マラソン　２時間58分18秒　29位

初めて挑んだ大会でいきなり初マラソン世界最高記録で優勝し、平成４年（１９９２）８月のバルセロナオリンピック・女子マラソンに出場したというシンデレラガールである。もっとも、期待されたバルセロナオリンピックでは３時間近いタイムしか残せず、そのままいったん陸上競技を離れてしまう。したがって、女子マラソンのトップランナーとしては、大会に出場した期間が１年に

も満たないという大変活動期間が短いランナーだった。

兵庫県立明石南高校を卒業後、実業団・ダイハツ工業陸上部に所属した小鴨由水《こかもゆみ》は、はじめは10000mや駅伝に出場する。当時、ダイハツ工業にはアトランタオリンピック・女子マラソンに出場する浅利純子らがいた。ある大会（20㎞）で小鴨は、先輩である浅利と最後までトップを争い、優勝した浅利に数秒遅れの2位に入る。監督の鈴木従道《つぐみち》はこの時の小鴨の健闘を称賛し、同4年1月の大阪国際女子マラソン出場を勧めた。

無論、鈴木は小鴨には期待していたが、優勝をするとはまったく思っていなかったものと推測される。なお、当時のマスコミの取材は浅利や、10000mから初マラソンに挑む松野明美らに集中し、浅利の後輩である小鴨はまったくの「ノーマーク」だった。

ところが、豈《あに》はからんや、1月26日の大阪国際女子マラソンで小鴨は、終盤まで先頭を進む浅利にくらいつく。さらに、終盤の36㎞付近で浅利が遅れはじめる中、小鴨はペースを崩さずそのまま独走し、2時間26分26秒で優勝した。ゴールする際、小鴨が片手を上から降り下ろすかたちでガッツポーズをする姿は印象的だったといえよう。

ともあれ、冒頭で触れたようにこの2時間26分26秒は当時の初マラソン世界最高記録だった。ちなみに、2位に入った松野の2時間27分02秒も初マラソン世界最高記録だが、松野はゴール後、小鴨が自分よりも早いペース、タイムでゴールしていたこと（つまり自分が2位であること）を知って驚いたという。

当然、初マラソン世界最高記録で大阪国際女子マラソンに優勝した小鴨は、８月のバルセロナオリンピックへの出場が決まった。もともと、小鴨としては大阪国際女子マラソンは「度胸試し《どきょうだめし》」のようなつもりでの出場だっただけに、のちには、

「自分のペースで走ったら、勝っちゃった」

という意味のコメントをしたとされている。一説に、小鴨はこの大会がオリンピックの選考レースであることを知らなかった。このため、オリンピックへの出場が決まったことに対しても「夢にも思わなかった」と周囲に漏らした、という。その後、期待が大きくなる一方で、小鴨はコンディションの調整に苦労を重ねた。

そして、有森裕子《ゆうこ》、山下佐知子とともに出場した同年８月１日のバルセロナオリンピック・女子マラソンでは、小鴨はスタート直後に集団から飛び出して先頭に立ち、15㎞付近まで独走する。けれども、その後は徐々に遅れはじめて後続の集団に呑《の》み込《こ》まれ、さらに集団からおいていかれてしまう。

結局、有森が銀メダル、山下が５位（のち４位へ繰り上がり）でゴールしてから二十数分後、小鴨は２時間58分18秒でゴールする。順位は29位だった。銀メダルの有森、４位入賞の山下と比べると、小鴨の順位、タイムは大変遜色《そんしょく》のあるものというほかはない。

不本意だったバルセロナオリンピックのあと、小鴨は主要なマラソン大会に出場することのないまま、同5年春にダイハツ工業を退社し、いったんは陸上競技を離れている。

ちなみに、10歳代半ばの選手が活躍する女子の競泳、体操、フィギュアスケートなどでは20歳代前半の現役引退もあるのかも知れないが、当時の小鴨はまだ21歳であった。女子マラソンのランナーとしてはこれからという時期だっただけに、ダイハツ工業のみならず陸上競技関係者から小鴨の引退を惜しむ声があがったと聞いている。

以後の小鴨は龍谷大学短期大学部へ進学して卒業し、一時は陸上競技とは無縁の生活を送った。のちに、福岡市内の企業の陸上部に所属して全日本実業団女子駅伝に出場したり、クラブチーム・ファーストドリームなどに所属した時期もあった。

次いで、同12年以降は東京国際女子マラソンや大阪国際女子マラソン、あるいは各地の市民マラソンに市民ランナーとして出場している。タイムは2時間50分台から3時間超えだったが、これまでに西日本短期大学非常勤講師をつとめ、テレビ番組に出演して自身の半生を語ったこともあった。

近年、小鴨の経験をまとめた光本宜史著の『幸せを届けに　五輪ランナー・小鴨由水　もう一つのゴール』という本も上梓《じょうし》されている。

松野明美　オリンピック出場を訴えた個性派ランナー

【生年・経歴】

生年＝１９６８年、出身＝熊本県、経歴＝熊本県立鹿本《かもと》高校→ニコニコドー

【主な大会記録】

１９８８年９月26日　ソウルオリンピック・１００００ｍ　32分19秒57　予選敗退
１９９０年９月27日　アジア大会・１００００ｍ　31分56秒93　３位
１９９１年８月27日　世界陸上・１００００ｍ　32分31秒18　予選敗退
１９９２年１月26日　大阪国際女子マラソン　２時間27分02秒　２位
　　　　　８月30日　北海道マラソン　２時間38分24秒　４位
１９９３年３月７日　名古屋国際女子マラソン　２時間27分53秒　２位
　　　　　８月15日　世界陸上・女子マラソン　２時間38分04秒　11位

松野明美は昭和63年（1988）9月のソウルオリンピック・10000mに出場したランナーだが、のちに平成4年（1992）4月の大阪国際女子マラソンで好タイムを出しながら、マラソンでは同年8月のバルセロナオリンピックの選手には選出されなかったという一事で知られている。そんな松野は熊本市（旧・熊本県植木町）出身で、植木町立鹿南《かなん》中学校時代はバスケットボール選手だったが、熊本県立鹿本高校では陸上競技部へ入部した。

ところで、現役時代の松野は身長が147㎝で、身長が150㎝だったという増田明美、野口みずきよりもさらに小柄だったとされている。加えて、体重も40㎏を下回り、さらに時として拒食症にも悩まされた。以上の理由により、競技場内を吹き抜けた風のためにトラックの内側へ倒れ込み、失格となったこともあるという。

また、後年のソウルオリンピックの際などもそうだが、高校時代から全力を尽くして走り終えたあと、ゴール直後に疲労困憊《こんぱい》して倒れ込んだことも一再《いっさい》ではなかった。

そんな姿が実業団・ニコニコドー陸上部監督・岡田正裕（旧鹿本町出身）の目にとまり、高校卒業後はニコニコドーに所属することとなる。このニコニコドーはかつて存在した熊本県を代表するスーパーで、松野は時計売場などで勤務したこともあったという。

余談ながら、松野はソウルオリンピック・10000m予選のゴール直後に倒れ込み、予選同組の1位で、のちに銀メダルを獲得するリズ・マッコルガン（イギリス）に抱きかかえられた。また、平成5年8月のシュトゥットガルト（ドイツ）での世界陸上・女子マラソンでもゴール直後に倒れ込み、金メダルを獲得した浅利純子、銅メダルを獲得した安倍友恵に抱きかかえられている。

先に触れたとおり、ソウルオリンピックに１００００ｍで出場することになる松野だが、当初は全日本実業団女子駅伝、都道府県対抗女子駅伝などでの活躍が目立った。特に、昭和62年の全日本実業団女子駅伝では「12人抜き」で一躍有名になる。また、デッドヒートの末に敗れはしたが、同63年1月の都道府県対抗女子駅伝で鹿児島県チームの荒木久美、平成2年の全日本実業団女子駅伝ではリクルートの五十嵐《いがらし》美紀と壮絶な順位争いを繰り広げた。松野と荒木、五十嵐との激闘、さらに松野が昭和62年の全日本実業団女子駅伝で日本電気の増田を含む各実業団のエースをごぼう抜きするシーンなどはいずれも、

「昭和時代末期、平成時代前期の女子駅伝を代表する名場面」

であるといってよいであろう。ほかにも、日本チームの一員として平成元年12月のバルセロナ国際女子駅伝、同2年2月の横浜国際女子駅伝に出場しており、特に駅伝で小柄な松野が大柄なランナーをかわすシーンは圧巻だったといってよいであろう。この間、松野は10㎞で非公認ながら31分の壁を破る記録を樹立した。

時間的に前後するが、昭和63年6月のソウルオリンピックの１００００ｍの予選で松野は、日本新記録の32分19秒57を出す。しかし、何と日本新記録を出した松野が、予選敗退となってしまう。

当時は世界との差が大きかったのである。次いで、平成2年9月の北京（中国）でのアジア大会・10000mでは3位（31分56秒93）となったが、同3年8月の東京での世界陸上では32分31秒18で予選敗退となった。

その直後、マラソンに挑戦することを明言した松野は、同4年1月の大阪国際女子マラソンに出場する。レースでの松野は、先頭を進む小鴨由水《こかもゆみ》、浅利に続く3位グループに踏みとどまり、最終盤にスパートして疲れのみえた浅利をかわした。ただし、ゴールして初めて、自分よりも先に小鴨がトップでゴールして優勝（2時間26分26秒）したこと、自分が2位（2時間27分02秒）であることを知ったという。いずれにしても、小鴨、松野の記録はともに初マラソンの世界最高記録だったから、小鴨も、また松野も、

「これでバルセロナオリンピック出場が決まった！」

と確信したに違いない。事実、マスコミの要請を受けて小鴨と松野は並んで写真撮影に応じ、長居陸上競技場に詰めかけた観客の声援に手を振って応《こた》えた。

ところが、一部のマスコミが、

「バルセロナオリンピックのマラソンの選手選考では、松野の大阪国際女子マラソンでの順位（2位）、タイム（2時間27分02秒）よりも、有森裕子《ゆうこ》の世界陸上での順位（4位）、タイム（2時間31分08秒）の方が評価されているようだ」

と報じる。この報道に驚いた松野は、異例にも熊本で記者会見を開き、
「（私を）どうぞ選んでください」
と訴えた。この記者会見以後、新聞、テレビなどのマスコミ報道は大いにヒートアップする。やがて、世界陸上で銀メダルを獲得した山下佐知子、それに小鴨に続く３人目の選手の選考問題は、日頃は女子マラソンに興味のない一般の人々の関心を集めるまでにいたった。しかし、同年３月の名古屋国際女子マラソンの終了後、山下、小鴨、有森のバルセロナオリンピック・女子マラソンへの出場が決まっている。

この後、失意の松野は同年８月の北海道マラソンに出場したが、30度近い気温のために実力が発揮できず、４位（２時間38分24秒）に終わった。次いで、同５年３月の名古屋国際女子マラソンで２位（２時間27分53秒）となるが、同年８月のシュトゥットガルト（ドイツ）での世界陸上・女子マラソンは11位（２時間38分04秒）に終わっている。

同７年の年末に現役引退を発表した松野は、熊本のテレビ局のスポーツキャスターに抜擢《ばってき》される。さらに、テレビのバラエティー番組に出場するなど、多彩なタレント活動も開始した。特に、常に陽気な松野がトーク番組に出演すると、「一気に場が賑やかになる」ように思われてならない。無論、自身の経験を踏まえての市民ランナーの指導、講演を手がけており、亜細亜大学陸上部のコーチに就任したこともあるという。

この間に結婚し、子宝にも恵まれたが、子育てに取り組む段階で福祉問題に関心を持つようになったらしい。やがて、郷里・植木町が熊本市へ編入される際、熊本市議会議員選挙に立候補して当選する。さらに、再選後に熊本県会議員選挙に立候補し、当選した。

ちなみに、女性のオリンピック選手で政治家に転身した人物には、いずれも参議院議員で体操の小野清子（元・国家公安委員長）、スピードスケートの橋本聖子（オリンピック担当大臣）、柔道の谷亮子（旧姓田村）などの例がある。

しかし、長距離、マラソンの女子オリンピック選手で政治家に転身したのは宮原美佐子（元・川口市議会議員）と、松野だけに違いない。

鯉川なつえ　夏マラソンの熱暑に苦しむ根性の人

【生年・経歴】

生年＝１９７２年、出身＝福岡県、経歴＝私立筑紫《ちくし》女学園高校→順天堂大学→三田工業

【主な大会記録】

１９９３年７月　ユニバーシアード・１００００ｍ　33分01秒81　７位

　同　・３０００ｍ　９分21秒18　９位

１９９４年９月17日　プレユニバーシアード（福岡国際陸上）・３０００ｍ　９分30秒20　８位

１９９５年９月３日　ユニバーシアード・女子マラソン　途中棄権（39㎞付近）

令和２年（２０２０）の東京オリンピックのマラソン、競歩は最終的に札幌開催で決着したが、「東京開催か？　札幌開催か？」

で大《おお》揉《も》めに揉めていた令和元年の秋、当然、海外の陸上競技関係者は気温30度を超えるという苛《か》酷《こく》な環境の中で行なわれた同年9月、10月のドーハ（アラブ首長国連邦）での世界陸上のマラソン、競歩を想起していたに違いない。この大会では男子、女子のマラソン、競歩で棄権が多かったが、わけても9月27日の女子マラソンでは出場68人中、28人ものランナーが棄権を余《よ》儀《ぎ》なくされた。

一方、日本の陸上競技関係者の脳裏《のうり》をよぎったのが、平成7年（1995）9月3日に福岡で開催されたユニバーシアードの女子マラソンである。

午前7時のスタートながらやはり気温29度、湿度90％超えという環境の中で行なわれたこのレースは棄権が続出し、完走者が7人という苛酷なものとなった。そんな大会で39㎞付近までトップを走り、一時は2位以下を4㎞も引き離していたにもかかわらず、意識が朦朧《もうろう》となって転倒、途中棄権を余儀なくされたのが鯉川《こいかわ》なつえである。転倒直前の鯉川は蛇行や迷走、逆走を続け、大きくコースを外れるなどした。いうまでもなく、監督、大会関係者などがランナーの体に触れたならば、そのランナーは失格となる。この時、

「このままレースを続行させると、生命に危険が及ぶ可能性がある」

と判断した大会関係者は鯉川に手を差し伸べたが、意識が朦朧となる中でもランナーとしての本能が働いたのだろう。鯉川はその手から逃れるかのようにさらに迷走したあと、コース脇に転倒（昏倒）してしまう。すぐさま、鯉川は救急車で病院へ運ばれ、九死に一生を得た。

なお、この大会では草萱昌子《くさかや》が優勝したが、苛酷な環境だったからだろう。タイムは２時間53分03秒とふるわなかった。

前後するが、レース展開は中間点のあたりまでは鯉川と草萱とが併走していたのだが、30㎞手前で鯉川がスパートをかける。これに対して、体の動きが鈍《にぶ》くなった草萱はスパートについていけず、勝利をあきらめた。ところが、そんな草萱は沿道の男子監督・沢木啓祐から、

「お前は走り切れ」

という指示を受け、初めて鯉川の身に異変があったことを悟ったという。のちに、鯉川はこの時のことを、「生きていて良かった……」などとコメントしている。

なお、ユニバーシアードが開催された福岡で生まれ育った鯉川は、福岡市立長丘《ながおか》中学校ではバレーボール部に所属し、全日本中学校バレーボール選手権に出場するほどの選手だった。たまたま、同２年に福岡県で「とびうめ国体」が開催される予定だったことから、私立筑紫女学園高校へ進学後は「とびうめ国体」への出場を目指し、陸上競技部へ入部する。同高校の陸上競技部は全国高校駅伝で過去に３回優勝しているという九州屈指の強豪だが、陸上競技の経験がなかったにもかかわらず鯉川は「とびうめ国体」への出場を果たす。また、地元・福岡で開催された福岡国際クロスカントリー・高校女子４０００ｍでは３位、３位、２位と、３年連続で上位入賞している。さらに、３年の時に出場した高校総体の３０００ｍで２位に入り、全国高校長距離の５０００ｍでは優勝し

た。次いで、順天堂大学へ進学後、日本学生選手権・3000mで連覇をし、日本インカレでも10000m、3000mで優勝を経験している。この間の平成5年7月、バッファロー（アメリカ）でのユニバーシアードへ出場し、10000mで7位（33分01秒81）、3000mで9位（9分21秒18）、同6年7月のプレユニバーシアード（福岡国際陸上）・3000mで8位（9分30秒20）に入った。

そういえば、鯉川はシドニーオリンピック・女子マラソンで金メダルを獲得した高橋尚子が憧《あこが》れていたランナーとして、TBSテレビの『消えた天才』（平成31年3月17日放送）にゲスト出演している。現在では一般にはあまりその名は知られていないように思うが、同い年の高橋らにとって、順天堂大学時代の鯉川は「憧れの存在」だったに違いない。

なお、同7年のユニバーシアードの開催前から、マスコミでは、地元・福岡出身で、当時は実業団・三田工業陸上部所属だった鯉川の優勝が有力視されていた。そういったこともあり、レース当日は午前7時のスタートだったにもかかわらず、沿道には4000人を超える観客が集まっていた。中でも、母校・筑紫女学園高校の後輩たちは鯉川の姓にちなんで、同高校に近い「けやき通り」で小さな鯉のぼりを振って応援したという。

しかし、先に触れたとおり、地元の期待を一身に背負って臨んだ鯉川は、意識が朦朧となった末に転倒、途中棄権した。現存するその際の映像には沿道の観客の悲鳴も録音されているが、悲鳴の中には鯉川の応援に駆けつけた家族、友人、後輩のそれもあったのかも知れない。

翌日の『西日本新聞』には19㎞付近で鯉川と草萱が水分を補給しながら走るシーンのみならず、鯉川がコースを外れるシーン、一度倒れたあとに立ち上がるシーン、再度倒れたあとになおも立ち上がろうとするシーンの写真などが掲載されている。

『西日本新聞』の見出しも、

「心はゴールを目指し　鯉川選手、あと3キロで棄権」

「『頑張って』『もういい』郷里の沿道も涙」

などという、眺《なが》めるだけでも目頭が熱くなるものとなっている。また、『西日本新聞』の「故郷への強い思いが・鯉川選手」という記事によると、鯉川は地元・福岡での「とびうめ国体」の３０００ｍではラストでライバルにかわされて2位となった。そのライバルこそ、のちに「３０００ｍ障害の女王」と呼ばれることになる早狩実紀《はやかりみのり》にほかならない。鯉川はこの「とびうめ国体」での惜敗《せきはい》が、相当悔《くや》しかったらしい。だからこそ、福岡でのユニバーシアードでは「今度こそ」という強い思いがあったのだろう。なお、『西日本新聞』は地元紙であるだけに9月4日以降も「ありがとう　もう元気です」や「激励の手紙が私のメダル」という見出しで、鯉川が順調に回復していることを報じている。

幸いなことに、若い鯉川はやがて立ち直り、練習に復帰する。前後したが、鯉川を指導した沢木

は、『西日本新聞』に、

「ゴールできなかったことが、これからの彼女のプラスになることを祈る」

というコメントを寄せている。沢木と、草萱の父・草萱鉄弥はかつて長距離ランナーで、ともに箱根駅伝を走ったことがあるという。

現役引退後、母校・順天堂大学陸上競技部のコーチ（女子部門）に就任した鯉川は、スポーツ（運動）生理学、スポーツの指導法の研究者として研究論文なども執筆してきた。現在は順天堂大学健康科学部教授兼陸上部女子監督の職にあり、全国高校駅伝の解説者などもつとめている。私生活の面では、鯉川は結婚して子宝に恵まれた。そういったこともあって、「ママさんアスリート」の先輩として、テレビの情報番組、スポーツ番組でコメントしたこともある。

なお、『西日本新聞』令和元年12月13日号の「九死に一生の走り　教訓に」と題する記事には、鯉川のインタビューが掲載されている。そのインタビューによると、福岡でのユニバーシアードでの記憶は、30㎞地点で給水して以降はほとんどないという。また、鯉川は札幌で開催される東京オリンピックのマラソンに関して、（早朝ではなく）気温が下がっていく夕方から夜にかけて実施すべきとコメントしている。無論、郷里・福岡での「言語を絶する苛酷な環境」で闘った経験を持つだけに、今後も鯉川にしかできないコメントに期待したいと思う。

第3章　女子マラソン発展期の個性派たち(Ⅱ)
——平成時代前期

浅利純子　世界陸上日本女子初の金メダリスト

【生年・経歴】

生年＝1969年、出身＝秋田県、経歴＝秋田県立花輪高校→ダイハツ工業

【主な大会記録】

1991年1月27日　大阪国際女子マラソン　2時間37分01秒　12位
1992年2月26日　大阪国際女子マラソン　2時間28分57秒　6位
1993年1月31日　大阪国際女子マラソン　2時間26分26秒　優勝
　　　8月15日　世界陸上・女子マラソン　2時間30分03秒　優勝
1994年1月30日　大阪国際女子マラソン　2時間26分10秒　3位
1995年11月19日　東京国際女子マラソン　2時間28分46秒　優勝
1996年7月28日　アトランタオリンピック・女子マラソン　2時間34分31秒　17位

１９９７年４月21日　ボストンマラソン　２時間31分12秒　６位
１９９８年４月19日　ロッテルダムマラソン　２時間26分11秒　２位
１９９８年11月15日　東京国際女子マラソン　２時間28分29秒　優勝
１９９９年８月29日　世界陸上・女子マラソン　２時間31分39秒　16位
２０００年１月30日　大阪国際女子マラソン　途中棄権（15㎞地点）

活躍した順などで女子ランナーを取り上げている関係で、本書では小鴨由水《こかもゆみ》が第２章、浅利純子《あさり》が第３章になってしまったが、生年は浅利が昭和44年（１９６９）、小鴨が同46年で、実業団・ダイハツ工業陸上部でも浅利が先輩、小鴨が後輩である。小鴨が先に平成４年（１９９２）のバルセロナオリンピックに出場するが、小鴨の退社後も浅利は厳しい練習を続け、４年後の同８年、ついにアトランタオリンピック出場を果たした。

この間、浅利は同５年のシュトゥットガルト（ドイツ）での世界陸上・女子マラソンで金メダルを獲得している。現在ではあまり取り沙汰されないが、日本人選手の世界陸上での金メダル獲得は、女子マラソンのみならず全種目を通じて初のことだった。浅利の優勝は、「不朽の金字塔」であるといっても過言ではあるまい。

また、監督の鈴木従道《つぐみち》の指導を受けた浅利や小鴨らは、日本の女子マラソンの高速化、レベルアップに貢献したという一面を持っている。指導者としての鈴木は大変厳しい人物であったというが、早くからスポーツ生理学・医学の手法を用いた選手強化策や、メンタルトレーニングなどをとり入れた指導者でもあった。その甲斐《かい》あって、現役時代の浅利は幾多のレースで、安倍友恵、藤村信子、市橋有里《あり》、あるいはワレンティナ・エゴロワ（ロシア）らと「最後の最後」まで激しい鍔迫《つばぜ》り合《あ》い、デッドヒートを繰り広げる。特に、浅利は競技場に入って以降の駆け引きの上手さが群を抜いており、さらに競技場の観客、テレビの前の視聴者を沸《わ》かせることにおいても他の追随を許していない感がある。

そんな浅利は秋田県鹿角《かづの》市出身で、子供の頃はアヒルが水をかくように走ったために、「アヒルさん」というニックネームで呼ばれていたという。

やがて、秋田県立花輪高校に入学後、頭角を顕《あらわ》し、卒業後はダイハツ工業陸上部の所属となった。そして、鈴木の指導で、平成に入ってから女子マラソンへの挑戦を開始する。

平成4年1月の大阪国際女子マラソンでは有力視されたが、優勝したのは何とダイハツ工業の後輩である小鴨で、浅利は2分31秒遅れの6位（2時間28分57秒）に甘んじてしまう。しかし、浅利は以降の大会でコンスタントに2時間30分を切る好タイムを記録しており、各大会では先に触れたとおりライバルたちと名勝負を演じている。

具体的には、同5年1月の大阪国際女子マラソンではゴールである長居陸上競技場に入る直前ま

で、先頭を走る安倍にくらいつく。そして、

「このまま安倍が逃げ切るか？　それとも浅利が意地をみせるか？」

と思われた矢先、日本の女子マラソン史上に残るハプニングが発生した。何と、先頭で競技場に入った安倍が、先導車のあとについてコースとは逆方向へ進もうとしたのである。（聞こえたかどうかは不明だが）競技場内はどよめきで包まれ、安倍はすぐに本来のコースへ戻ったが、浅利はこの一瞬の間隙《かんげき》を衝《つ》いて先頭に立つ。やがて、スパートした安倍が浅利をかわすが、すかさず逆にスパートした浅利が安倍をかわし、そのまま優勝（2時間26分26秒）した。ちなみに、安倍の所属していた旭化成陸上部の監督・宗茂は、

「競技場の下見をさせなかった自分の責任」

とコメントしたという。この時の浅利のゴールタイムである2時間26分26秒は当時の日本最高記録（タイ）で、安倍は1秒差の2位だった。

次いで、安倍、松野明美らと出場した同年8月15日の世界陸上・女子マラソンでは、マヌエラ・マシャド（ポルトガル）と併走し続け、最終盤でスパートして金メダル（2時間30分03秒）を獲得した。開催時期が8月中旬だったことを思えば、2時間30分台ながら大健闘だったといえよう。なお、安倍は銅メダル、松野は11位だった。

逆に、同6年1月の大阪国際女子マラソンでは安倍の優勝を許すが、内容的には安倍、藤村、浅

利がひとかたまりとなるようなかたちで競技場へ雪崩込《なだれこ》み、安倍が2時間26分09秒、藤村が同タイム、浅利が1秒差の3位（2時間26分10秒）となる。

おそらく、日本国内の主要な女子マラソン大会で、1位、2位、3位の選手がこのような僅差《きんさ》でゴールすることは今後はまずないであろう。

優勝（2時間28分46秒）した同7年11月の東京国際女子マラソンのレース内容も、浅利にとっては大変タイトなものであった。何しろ、レース最終盤の38㎞付近で浅利は、複数のランナーと交錯《こうさく》して転倒してしまったのである。この間にほかのランナーに先行を許したものの、国立競技場に入るあたりでどうにか追いつき、トップでゴールした。この大会での激走が高く評価された浅利は、ついに悲願だった同8年7月のアトランタオリンピック・女子マラソンへの出場が決まる。

同月28日のアトランタオリンピックのレース前、浅利は優勝候補にあげられたが、結果は17位（2時間34分31秒）に終わってしまう。（靴下を履《は》かず）裸足《はだし》でシューズを履いたのが原因で、足のマメが潰《つぶ》れ、激痛を堪えながらの苦しいレースとなった。事実、ゴール直後、浅利が失神するかのように、倒れ込むシーンの映像が現存している。

のちに、同10年11月の東京国際女子マラソンで優勝（2時間28分29秒）するが、この時も市橋とともに国立競技場へ入る。競技場内では市橋が先にスパートするが、余力のあった浅利がスパートして市橋をかわし、優勝した。やはり、最終盤でのレースの駆け引きでは若い市橋よりも、浅利に

「一日《いちじつ》の長《ちょう》」があったのだろう。以後も大会への出場を続けた浅利だったが、同13年に現役を引退し、以後はダイハツ工業陸上部のコーチなどをつとめた。現在、郷里の鹿角市では浅利純子杯鹿角駅伝が開催されている。

真木　和　マラソンでもオリンピックに出場した努力の人

【生没年・経歴】

生没年＝1968～2018年、出身＝愛媛県、経歴＝愛媛県立今治《いまばり》北高校↓ワコール↓グローバリー

【主な大会記録】

1991年8月23日　世界陸上・10000m　33分27秒84　20位
1992年8月1日　バルセロナオリンピック・10000m　31分55秒06　12位
1993年8月21日　世界陸上・10000m　32分53秒41　17位
1996年3月10日　名古屋国際女子マラソン　2時間27分32秒　優勝
7月28日　アトランタオリンピック・女子マラソン　2時間32分35秒　17位

のちに福士加代子《ふくしかよこ》がトラック競技の10000m、5000mと、マラソンの双方でオリンピック出場を果たすが、日本の女子ランナーで初めて10000m、マラソンの双方でオリンピックに出場したのが真木和《まきいずみ》だった。また、真木は現役引退後に結婚し、子宝に恵まれたあと、ガンにより49歳で病没したという名ランナー、悲劇のヒロインでもある。

愛媛県立今治北高校時代にトラック競技で活躍した真木は、卒業後に実業団・ワコール陸上部に所属した。そういえば、真木、弘山《ひろやま》晴美、鈴木博美、松野明美の4人のことを、一部では「四天王」と呼んでいたというが、確かにこれらのランナーたちは当時の長距離・女子マラソン界を牽引した功労者であり、「四天王」といっても大過はないであろう。

ともあれ、当初、10000mで実績を残した真木は、東京で開催された平成3年（1991）8月の世界陸上に出場する。この大会では世間の注目は松野明美に集まっていたが、松野は10000mの予選で敗退した。決勝に進んだ真木、五十嵐《いがらし》美紀は序盤、見事な走りをみせたが、先頭集団のハイペースについていけず、最終的に五十嵐が14位（32分44秒67）、真木が20位（33分27秒84）という不本意な成績に終わる。

次いで、同4年6月の日本選手権の10000mで優勝し、同種目での8月のバルセロナオリンピック出場が決定する。そのバルセロナオリンピック・10000mでは五十嵐とともに予選を突破（鈴木は予選敗退）したあと、8月1日の決勝では前半、素晴らしい走りをみせた。一時は入賞も狙えるかと思われたが、後半はペースについていけず、真木は12位（31分55秒06）、五十嵐は14位（32分09秒58）に終わる。

同5年8月のシュトゥットガルト（ドイツ）での世界陸上にも真木は10000mで出場するが、17位（33分55秒41）に終わった。帰国後、ワコールの監督・藤田信之の勧めもあり、真木はマラソンに挑戦し、オリンピックを目指すことを決意する。

ところが、同7年のあるハーフマラソンで身に覚えのないドーピング違反となり、失格、一定期間の出場停止の処分を受けてしまう。それでも、藤田と真木は焦《あせ》らずに、黙々と練習に励み、のちにハーフマラソンへの出場などでレース感覚をとり戻した。

満を持して挑んだ同8年3月の名古屋国際女子マラソンでは、前半、中盤は先頭集団の中で自重したあと、真木は30km付近で一気にスパートをかける。さしものワレンティナ・エゴロワ（ロシア）らもついていけない中、真木は独走態勢に入った。のちに、数人のランナーの追い上げを受けたが、ついに先頭を譲ることのないままゴールし、優勝（2時間27分32秒）した。この好成績により、真木はアトランタオリンピック・女子マラソンへの出場が決定する。先に触れたとおり、前回のバルセロナオリンピックでの10000mに続き、別種目（マラソン）ながら2大会連続のオリンピック出場だった。

しかし、有森裕子《ゆうこ》、浅利純子と挑んだ同年7月28日のアトランタオリンピック・女子マラソンではコンディションの調整に苦しみ、浅利とともに序盤で先頭から大きく遅れた。結局、有森が銀メダルを獲得する中、真木は12位、浅利は17位に終わる。いうまでもなく、12位というのは10000mで出場したバルセロナの順位と同じである。

アトランタオリンピックのあと、故障に悩まされ続けた真木は現役を引退し、ワコール陸上部のコーチとなった。やがて、監督だった藤田のワコール退社に伴い、コーチの真木、部員の野口みずきらも退社する。のちに、藤田、真木、野口らはグローバリー陸上部所属となるが、野口は真木に憧《あこが》れてワコールに入ったとされている。

ちなみに、真木らはワコールを退社したあと、一時、ハローワーク（職業安定所）通いをしたという。苦労して陸上競技の指導を続けただけに、野口がアテネオリンピックで金メダルを獲得した際、藤田、真木らはわがことのように喜んだに違いない。

そして、真木は結婚を機にグローバリーを退社し、子宝にも恵まれた。しかし、残念なことに乳ガン（のちにほかの臓器へ転移）となり、長い闘病生活の末に平成30年10月18日に病没する。49歳の若さだった。ワコール、グローバリーで苦楽をともにした藤田、野口らは真木の早すぎる死を悼《いた》むコメント、インタビューを残している。

鈴木博美　世界陸上で雪辱した選手団の人気者

【生年・経歴】

生年＝１９６８年、出身＝千葉県、経歴＝船橋市立船橋高校→リクルート→積水化学

【主な大会記録】

１９９２年８月２日　バルセロナオリンピック・１００００m　34分29秒64　予選敗退

１９９５年８月９日　世界陸上・１００００m　31分54秒01　８位

１９９６年１月28日　大阪国際女子マラソン　２時間26分27秒　２位

８月２日　アトランタオリンピック・１００００m　32分43秒39　16位

１９９７年３月９日　名古屋国際女子マラソン　２時間29分35秒　２位

８月９日　世界陸上・女子マラソン　２時間29分48秒　優勝

１９９９年11月21日　東京国際女子マラソン　２時間31分29秒　９位

オリンピックの選考レースで自身の最高タイムである2時間26分27秒を記録したものの、マラソンではオリンピック出場が果たせなかったという不運にも見舞われたが、鈴木博美は平成4年（1992）のバルセロナオリンピック、同8年のアトランタオリンピックと2大会連続でトラック競技の10000mに出場したスピードランナーである。

のちに、鬱憤《うっぷん》を晴らすかのように、同10年のアテネ（ギリシャ）での世界陸上・女子マラソンで金メダルを獲得したことで名高い。その鈴木は陸上競技の強豪校・船橋市立船橋高校を経てリクルート陸上部、次いで積水化学陸上部の所属となる。このうち、リクルート、積水化学時代の監督は小出義雄で、リクルートの先輩には有森裕子《ゆうこ》、後輩には高橋尚子という豪華なメンバーがいた。

なお、鈴木は中学時代から抜群のバネを持ったランナーであったため、「バネ美《み》」というニックネームを得ていたとされている。また、小出は教え子の有森を「努力の人」と評しているが、名伯《めいはく》楽《らく》・小出によれば鈴木は天才型のランナーであるという。

当初、鈴木はトラック競技の10000mで頭角を顕《あらわ》す。まず、バルセロナオリンピックには同種目に出場したが、10000mの予選で本領を発揮することができぬまま、予選敗退になってしまう。次いで、イェーテボリ（スウェーデン）で開催された同7年の世界陸上で鈴木は、自身のペースを守り切って8位（31分54秒01）に入賞した。

その後、アトランタオリンピックの選考レースであった同8年1月の大阪国際女子マラソンに出場し、2時間26分27秒を記録して2位に入る。冒頭で触れたとおり、このタイムは東京国際女子マラソン、名古屋国際女子マラソンといった選考レースを通じて最高タイムだった。しかし、順位が優勝したカトリン・ドーレ（ドイツ）に次ぐ2位だったことがネックとなり、マラソンでのオリンピック出場は果たせなかった。

それにもめげず、10000mの選考レースである同年の日本選手権に出場し、千葉真子《まさこ》、川上慶子を抑えてトップでゴールし、先に触れたようにこの種目での2度目のオリンピック出場を果たしたのであった。

かといって、マラソンでの世界陸上、さらにはオリンピックの出場をあきらめたわけではなく、同9年3月の名古屋国際女子マラソンでは力走の末に、2位（2時間29分35秒）に入る。この結果、鈴木は同種目で、リクルートの後輩・高橋は5000mで、同年8月のアテネでの世界陸上出場が実現した。そして、鈴木は同月9日の女子マラソンでは気温が高いという苛酷《かこく》な環境の中、30㎞付近手前でスパートをかけ、マヌエラ・マシャド（ポルトガル）らの追撃を許さぬままゴールして金メダル（2時間29分48秒）を獲得した。

かかる苛酷な環境の中で、前回の世界陸上の覇者《はしゃ》（金メダリスト）であるマシャドらを抑えてのこのタイムは、実に見事であったといえよう。

日本人選手が世界陸上の女子マラソンで金メダルを獲得したのは、同5年の浅利純子以来の快挙だった。このようにして金メダリストとなった鈴木は人気者となり、日本選手団のムードメーカーにもなったという。なお、世界陸上の金メダリストは、次の大会での特別出場枠が認められている。しかし、その後は故障に悩まされ、同11年8月のセビリア（スペイン）での世界陸上は出場を辞退するほかなかった。

次いで、やはり女子マラソンでのシドニーオリンピック出場を目指して同年11月の東京国際女子マラソンに出場したが、本領を発揮することができずに9位（2時間31分29秒）に終わる。結局、以後の選考レースのスタートラインに立つことはできなかった。

ちなみに、鈴木は同10年2月の長野オリンピックで最終聖火ランナーをつとめ、同19年8月の大阪での世界陸上では浅利らの優勝経験者とともに招待されている。

この間、鈴木は短距離（１００ｍ、２００ｍ）のランナーである伊東浩司と結婚し、子宝にも恵まれた。伊東は同８年のアトランタオリンピック・２００ｍで準決勝へ進出、同10年に１００ｍで10秒00の日本新記録樹立、アジア大会の４×１００ｍリレーなどで３個の金メダル獲得といった輝かしい経歴の持ち主だった。

現在、伊東姓となった鈴木は甲南大学教授、日本陸上競技連盟強化委員会短距離部長、神戸市教育委員会教育委員などの要職をつとめる夫を支えつつ、市民マラソンにゲスト出場するなどしている。同18年には夫と共著で、『最強ランナーの法則』という陸上競技に関する好著も上梓《じょうし》した。

千葉真子　世界陸上で複数のメダルを得た逸材

【生年・経歴】

生年＝1976年、出身＝京都府、経歴＝私立宇治《うじ》高校（現・私立立命館宇治高校）→旭化成→佐倉アスリート倶楽部《くらぶ》→豊田自動織機《しょっき》

【主な大会記録】

1996年8月2日　アトランタオリンピック・10000m　31分20秒62　5位
1997年8月5日　世界陸上・10000m　31分41秒93　3位
1999年11月21日　東京国際女子マラソン　2時間29分00秒　5位
2002年4月21日　ロッテルダムマラソン　2時間25分11秒　2位
2003年1月26日　大阪国際女子マラソン　2時間21分45秒　2位
8月31日　世界陸上・女子マラソン　2時間25分09秒　3位

２００４年１月25日　大阪国際女子マラソン　２時間27分38秒　２位
11月21日　東京国際女子マラソン　２時間27分02秒　４位

平成時代後期から女子のマラソン、駅伝のテレビ中継で解説者をつとめることが多い千葉真子《まさこ》は、平成８年（１９９６）８月のアトランタオリンピック・１００００ｍで５位に入賞し、同９年８月の世界陸上・１００００ｍで銅メダル、同15年８月の世界陸上・女子マラソンでも銅メダルを獲得したという名ランナーである。

なお、日本人選手では室伏《むろふし》広治（ハンマー投げ）、為末大《ためすえだい》（４００ｍハードル）が世界陸上の同一種目でメダルを獲得しており、千葉と同い年の土佐《とさ》礼子も同13年、同19年にマラソンで銀メダル、銅メダルを獲得した。しかし、異なる種目で複数のメダルを獲得したのは、世界陸上では千葉が初めてである。解説者（＝千葉）が前人未到の偉業を成し遂げた人物であることを、案外、テレビの前の視聴者は御存知ないようである。

そんな千葉は京都府宇治市出身で、私立宇治高校進学後に陸上競技部へ入部した。１年先輩には世界陸上・１００００ｍに３度出場した尾崎まりがいたというから、千葉も励みになったことであろう。次いで、宇治高校を卒業したあと、実業団へ進んだ千葉だが、端的にいうと実業団・旭化成陸上部に所属していた時代はトラック競技の１００００ｍで実績をあげ、佐倉アスリート倶楽部に所属していた時代はマラソンで活躍した。佐倉アスリート倶楽部でマラソンに転向した千葉を指導した監督は、名将・小出義雄である。

このうち、旭化成時代の名場面は、同8年8月2日のアトランタオリンピックと、同9年8月のアテネ（ギリシャ）での世界陸上である。

まず、鈴木博美、川上優子とともに挑んだアトランタオリンピック・10000mでは、最終盤で先頭から遅れたものの、5位（31分20秒62）に入賞した。

次いで、同9年8月5日のアテネ（ギリシャ）での世界陸上・10000mで千葉は、前をいくフェルナンダ・リベイロ（ポルトガル）らにくらいつき、銅メダル（31分41秒93）を獲得する。周知のとおり、日本の女子ランナーでは、昭和3年（1928）のアムステルダムオリンピック・800mで人見絹枝《ひとみきぬえ》が銀メダルを獲得していた。以後、オリンピック、世界陸上のトラック競技では長くメダルを獲得する日本人の女子ランナーはいなかったから、千葉のメダル獲得は実に69年ぶりとなる。

その後、マラソンへの転向を決意した千葉は、同11年11月の東京国際女子マラソンに出場した。これは同年8月のシドニーオリンピック出場を目指してのものだったが、このレースでの千葉は先頭で集団を引っ張ったものの、15㎞付近で優勝した山口衛里《えり》らにおいていかれる。結局、不本意な5位（2時間29分00秒）に終わった千葉は、マラソンでのシドニーオリンピック出場を断念した。

次いで、故障が続き、コンディション調整に苦しんだ挙《あ》げ句《く》に旭化成を退社した千葉は、同13年以降は佐倉アスリート倶楽部で小出の指導を受けることとなる。

以後、同14年4月にロッテルダムマラソンで2位（2時間25分11秒）、同16年1月の大阪国際女子マラソンでも2位（2時間21分45秒）という好成績を残す。

やがて、大阪国際女子マラソンでの成績が評価された千葉は、同年8月のパリ（フランス）での世界陸上・女子マラソンへ出場した。同月31日の世界陸上・女子マラソンでは、中盤まで踏ん張って先頭集団を形成したものの、33㎞付近でスパートしたキャサリン・ヌデレバ（ケニア）の優勝、連覇《れんぱ》を許し、最終的に千葉は銅メダル（2時間25分09秒）に甘んじてしまう。しかし、先に触れたように、世界陸上の異なる種目でメダルを獲得したのは、日本人の選手では千葉が最初だった。

その後の千葉は、マラソンでのアテネオリンピック出場を目指して同16年1月の大阪国際女子マラソンへ出場する。しかし、このレースでは30㎞手前で先頭集団から飛び出したものの、坂本直子らにかわされて2位（2時間27分38秒）になってしまう。

のちに、豊田自動織機所属となるが、やがて千葉は陸上競技、特にマラソン、駅伝の解説者、レポーターをつとめるようになる。さらに、同20年頃からはタレント活動も開始し、テレビのバラエティー番組、情報番組にもたびたび出演するようになった。そういえば、令和元年（２０１９）夏以降、翌年に迫った東京オリンピックのマラソン、競歩に関して、

「開催場所を東京にするか？　札幌にするか？」

という議論が白熱する。最終的にＩＯＣの意向で開催場所は札幌に決まったが、この問題をめぐって千葉がスポーツ番組、情報番組でコメントすることが多かったように思う。

これもまたテレビの前の視聴者には知られていないようだが、千葉は平成13年、同16年、同17年と3度も、札幌市街をコースとした北海道マラソンで優勝した経験を持っている。したがって、開催場所、コースをめぐる問題でのコメンテーターとしては、千葉こそ最適の人物であるといえよう。

第4章　女子マラソン黄金時代の実力者たち
――平成時代前期

高橋尚子　人気抜群のシドニーオリンピックの金メダリスト

【生年・経歴】

生年＝1972年、出身＝岐阜県、経歴＝岐阜県立岐阜商業高校↓大阪学院大学↓リクルート↓積水化学↓スカイネットアジア航空（佐倉アスリート倶楽部《くらぶ》）↓ファイテン

【主な大会記録】

1997年1月26日　大阪国際女子マラソン　2時間31分32秒　7位

8月9日　世界陸上・5000m　15分32秒83　13位

1998年3月8日　名古屋国際女子マラソン　2時間25分48秒　優勝

12月6日　アジア大会・女子マラソン　2時間21分47秒　優勝

2000年3月3日　名古屋国際女子マラソンン　2時間22分19秒　優勝

9月24日　シドニーオリンピック・女子マラソン　2時間23分14秒　優勝

２００１年９月30日　ベルリンマラソン　２時間19分46秒　優勝
２００２年９月29日　ベルリンマラソン　２時間21分49秒　優勝
２００３年11月16日　東京国際女子マラソン　２時間27分21秒　２位
２００５年11月20日　東京国際女子マラソン　２時間24分39秒　優勝
２００６年11月19日　東京国際女子マラソン　２時間31分22秒　３位
２００８年３月９日　名古屋国際女子マラソン　２時間44分18秒　27位

女子のマラソンで初めてオリンピックで金メダルを獲得した日本人選手で、20年近い年月を経た現在でもその知名度はまったく衰えてはいない。何しろ、マラソンに11回出場して７回優勝し、この間にシドニーオリンピックを含めて６大会続けて優勝したというのだから当時の強さが窺《うかが》えよう。その走法はストライド（歩幅）を小さくし、両足の動きを早くするピッチ走法だった。高橋尚子のそれは頭の上下動がほとんどなく、両足の動きが抜群といった特徴があり、「ピッチ走法のお手本」といわれたこともあったが、マラソン、特に女子マラソンでのピッチ走法の習得は「誰にでもまねできる」というものではない。

そんな高橋は岐阜県高山市出身で平成12年（２０００）８月にオリンピックで金メダルを獲得したが、高橋の祖母と同12年10月にノーベル賞を受賞した化学者・白川英樹（高山市出身）の父とがいとこ同士で、しかも白川の叔父が高橋の両親の仲人をしたという。ちなみに、高橋と、アイドルグループ、「モーニング娘。」のリーダーをつとめた吉澤ひとみとは「遠い親戚」に当たるとも新聞などでは報じられている。

幼少時代、岐阜市へ移り住んだ高橋は、岐阜県立岐阜商業高校で陸上競技に没頭した。高校の同級生にはプロ野球で活躍した和田一浩《かずひろ》がいるが、当時から和田はスター的存在で、高橋はほとんど話をしたことがないという。同高校を卒業後の高橋は大阪学院大学に進学して陸上競技を続け、日本インカレではトラック競技の1500m、3000mで2年連続で2位、3位に入った。大阪学院大学の選手が日本インカレで2位、3位となったのは、高橋が最初であるという。ちなみに、この当時の高橋が憧《あこが》れていたランナーは、順天堂大学の鯉川《こいかわ》なつえ（100頁「鯉川なつえ」の項参照）だったという。

この頃、卒業後の進路を考えていた高橋は、特に頼み込んで実業団・リクルート陸上部の夏期合宿に参加させてもらった。この合宿で監督の小出義雄は、高橋が優れた素質を有していることを瞬時に悟ったのだろう。大阪学院大学を卒業後、晴れてリクルート陸上部所属となる。

なお、高橋のニックネームはQちゃんだが、これはリクルートの新入社員歓迎会で高橋がアニメ『オバケのQ太郎』の主題歌に合わせて踊ったことに由来するという。

それはともかく、陸上部の先輩には有森裕子《ゆうこ》、鈴木博美、五十嵐《いがらし》美紀というトップランナーがいた。高橋を含めた以上の４人は全員が、マラソンやトラック競技の５０００m、１００００mでオリンピック出場を果たしている。当時のリクルートのレベルがいかに高かったがよくわかるが、やがて高橋は小出の勧めもあり、平成９年１月の大阪国際女子マラソンに出場した。レースでは中間点までは優勝争いに絡んだものの、やがて遅れはじめ、結局は7位（2時間31分33秒）という成績に終わる。

次いで、同年8月のアテネ（ギリシャ）での世界陸上・５０００mに出場し、９日の決勝では13位（15分32秒83）という成績を残した。なお、世界陸上の女子マラソンでは鈴木が見事に金メダルを獲得したが、高橋は実業団の先輩・鈴木の素晴らしい走りに感激し、「本腰を入れてマラソンに取り組みたい」という思いを強くしたとされている。

ところが、アテネからの帰国後、小出がリクルートを退社して実業団・積水化学陸上部監督に転じた。これに伴い、鈴木、高橋らも積水化学陸上部所属となっている。

移籍後、さっそくマラソンの練習を開始した高橋は、同10年3月の名古屋国際女子マラソンに出場し、優勝（2時間25分48秒）した。レースでは中間点を過ぎても複数のランナーが先頭集団を形成していたが、30㎞付近で高橋がロングスパートをかけ、そのままトップでゴールする。この時のタイムは当時の日本最高記録だった。

以後、同年12月のバンコク（タイ）でのアジア大会・女子マラソン、同12年3月の名古屋国際女子マラソンでも優勝した。タイムはそれぞれ2時間21分47秒、2時間22分19秒で、アジア大会では12月ながら気温30度を超える言語を絶する環境の中で、自身の持つ日本最高記録を更新している。一方、名古屋国際女子マラソンでは中間点を過ぎたあたりでロングスパートをかけ、そのままトップでゴールした。順位、タイム、それに積極的なレース展開が高く評価された高橋は、同年9月のシドニーオリンピック・女子マラソンへの出場が決まる。

そして、9月24日のシドニーオリンピック・女子マラソンで高橋は、中間点の少し前でロングスパートをかけたが、26㎞付近でリディア・シモン（ルーマニア）に追いつかれた。そこで、しばらくシモンと併走したあと、34㎞付近で再びロングスパートをかけている。その後、シモンが猛烈な追い上げをみせる中、高橋はトップでゴールして金メダル（2時間23分14秒）を獲得した。銀メダル（2時間23分22秒）のシモンとは8秒差だったが、テレビの国際映像ではシモンが高橋のすぐ後ろまで迫っているように見えたため、テレビの前の視聴者の中には「胆《きも》を冷やした」方も少なくなかったと聞く。

また、高橋とシモンのタイムは、ともにオリンピック新記録で、オリンピックの陸上競技で日本人女性が金メダルを獲得したのは、この時の高橋が初めてだった。

ゴールしたのち、マスコミのインタビューを受けた高橋は、満面の笑顔で、

「すごく楽しい42キロでした」

と語っている。優勝と、以上のインタビューによって一気に人気者となったQちゃんこと高橋は、帰国後の10月に女子アスリートとして初めて国民栄誉賞を受賞した。

先に触れたとおり、その後の高橋は同13年9月、同14年9月のベルリンマラソンで連覇をする。わけても、同13年のタイム（2時間19分46秒）は当時の世界最高記録で、高橋の自己ベストにもなった。なお、このタイムは現在でも日本歴代3位である。

以上のように、平成10年の名古屋国際女子マラソンから同14年のベルリンマラソンまで6連勝をした高橋だが、この間、順風満帆《じゅんぷうまんぱん》であったわけではない。具体的には、同11年8月のセビリア（スペイン）での世界陸上・女子マラソンに出場予定だったが、故障のために欠場している。また、出場予定の大会を欠場したことも一再《いっさい》ではなく、さらに同14年にベルリンから帰国したのちには監督の小出が積水化学を退社してしまう。

やむなく、高橋も同15年に積水化学を退社し、スカイネットアジア航空と契約し、佐倉アスリート倶楽部で引き続き小出の指導を受けることとなった。

そして、アテネオリンピック出場を目指して11月の東京国際女子マラソンへ出場する。レースは11月ながら気温25度前後という高温、強風の中、高橋は中間点を過ぎてからスパートした。しかし、「これでアテネは決まった」と思われた30㎞付近で急に失速し、優勝（2時間24分47秒）をエルフェネッシュ・アレム（エチオピア）に持っていかれてしまう。結局、高橋は2位（2時間27分21秒）

に入るが、順位、タイム、レース内容がよくないことを理由に、２大会連続のオリンピック出場は実現しなかった。

この後、同17年春、高橋は小出から独立し、佐倉アスリート倶楽部を離れてファイテンの所属となっている。以後は同年11月の東京国際女子マラソンで優勝（２時間24分39秒）、同11月の東京国際女子マラソンで３位（２時間31分22秒）、同20年３月の名古屋国際女子マラソンで27位（２時間44分18秒）といった成績をあげた。中でも、名古屋国際女子マラソンは北京オリンピックを目指しての出場だったが、不本意な成績（順位、タイム）に終わり、オリンピック出場を断念している。

同年10月、高橋はついに現役を引退した。以後は日本陸上競技連盟理事、大阪学院大学特任教授などの要職を歴任しており、陸上競技の教室などでも指導を続けている。

さらに、現在、高橋はテレビのマラソンをはじめとするスポーツ中継で解説者をつとめることが多く、ニュース番組『ＮＥＷＳ23』、スポーツ番組『Ｓ《エス》☆１《ワン》』などにスポーツコメンテーターとして出演している。以前の番組では、高校の同級生で、当時は中日ドラゴンズの主軸打者だった和田とジョギング、対談をしたこともあった。

弘山晴美　トラックで3度オリンピックに出場した天性の人

【生年・経歴】
生年＝1968年、出身＝徳島県、経歴＝徳島県立鳴門《なると》高校→国士舘大学→資生堂

【主な大会記録】
1994年10月11日　アジア大会・3000m　8分53秒74　2位
1996年7月26日　アトランタオリンピック・5000m　15分50秒　予選敗退
1997年8月10日　世界陸上・5000m　15分21秒19　8位
1998年3月8日　名古屋国際女子マラソン　2時間28分12秒　3位
1999年8月27日　世界陸上・10000m　31分26秒84　4位
2000年1月30日　大阪国際女子マラソン　2時間22分56秒　2位
9月30日　シドニーオリンピック・10000m　32分24秒17　20位

2002年1月27日　大阪国際女子マラソン　2時間24分34秒　2位
10月13日　アジア大会・女子マラソン　2時間34分44秒　2位
2004年1月25日　大阪国際女子マラソン　2時間31分07秒　5位
8月27日　アテネオリンピック・10000m　32分15秒12　18位
2005年1月30日　大阪国際女子マラソン　2時間25分56秒　3位
8月14日　世界陸上・女子マラソン　2時間25分46秒　8位
2006年3月12日　名古屋国際女子マラソン　2時間23分26秒　優勝
2007年3月11日　名古屋国際女子マラソン　2時間28分55秒　2位

5000m、10000mで平成8年（1996）のアトランタオリンピック、同12年のシドニーオリンピック、そして同16年のアテネオリンピックに出場したというトラック競技のエキスパートで、当時の陸上競技関係者の間では、

「弘山《ひろやま》晴美は『トラックの女王』だ！」

などといわれていた。現役時代から、トラック競技での見事な脚《あし》さばき、マラソンでの堅実な走りには定評があった。弘山のオリンピックでの走りをみて、5000mや10000mをはじめた中学生、高校生の女子は少なくないという。

そんな弘山は徳島県鳴門市出身で、徳島県立鳴門高校、国士舘大学を経て、実業団・資生堂陸上部に所属した。前後したが、弘山は鳴門市立大麻《おおあさ》中学校を卒業している。その大麻中学校の後輩に市橋有里《あり》がいる。何と、弘山が同中学校で教育実習をした際、生徒の中に市橋がいたという。２人はのちに、弘山が１００００ｍ、市橋はマラソンで、同12年のシドニーオリンピック出場を果した。

なお、弘山が30歳を超えてから本格的にマラソンへ転向したこと、９歳若い市橋が早い時期からマラソンに専念したこと、シドニーオリンピック以後の市橋が故障のためにあまりマラソンを走らなかったことが影響して、マラソンではついに弘山vs市橋の「大麻中学校の先輩、後輩対決」は実現していない。

ところで、端的にいうと弘山は社会人となって以降の20歳代には３０００ｍ、１００００ｍなどのトラック競技で赫々《かくかく》たる実績をあげ、先に少し触れたように30歳を超えてからは本格的にマラソンの大会にも出場するようになる。

以上のうち、トラック競技では、同６年10月の広島でのアジア大会、同８年７月のアトランタオリンピック、同９年８月のアテネ（ギリシャ）での世界陸上、同11年のセビリア（スペイン）での世界陸上、同12年９月のシドニーオリンピック、同14年10月の釜山《プサン》（韓国）でのアジア大会、同16年のアテネオリンピックといった具合に、オリンピック３大会連続出場を含む数多くの国際大会へ出場した。

この間、予選敗退も経験するが、広島でのアジア大会・3000mで2位（8分53秒74）、アテネでの世界陸上・5000mで8位（15分27秒15）、セビリアでの世界陸上・10000mでは4位（31分26秒84）と、メダル獲得や入賞を果たしている。留意すべきは、アジア大会・3000mの翌日の『朝日新聞』に記されている、

「馬《ま》軍団はすごいと聞いていていたけど、それほどでもなかった」

という弘山の発言である。この時の3000mで優勝（8分52秒97）したのは張林麗《ちょうりんれい》（中国）だったが、張は陸上競技指導者・馬俊仁《しゅんじん》率いるいわゆる馬軍団の一員だった。この大会の終了後あたりから馬軍団の女子ランナーが世界記録を連発し、世界陸上などでも優勝した。弘山がその馬軍団を「それほどでもなかった」と評したというのである。この弘山の発言などは、馬軍団に関する初期のコメントとして記憶に留めるべきだと思う。

馬軍団の評価はともかく、弘山はアトランタオリンピックでは5000m、シドニーオリンピックとアテネオリンピックでは10000mに出場したものの、それぞれ予選敗退（15分50秒43）、20位（32分24秒17）、18位（32分15秒12）に終わった。海外で開催されたオリンピックという独特の雰囲気、環境に気圧《けお》されたのかも知れないが、10000mでは31分台をコンスタントに記録していた弘山にとって、3回のオリンピックでの順位、記録は極めて不本意な成績であったことであろう。

次に、マラソンには30歳を超えてから本格的に出場するようになった弘山だが、実はアテネオリ

ンピック・マラソンの選考レースであった同16年1月の大阪国際女子マラソンに出場していた。しかし、レースの中盤に坂本直子、千葉真子《まさこ》らのスパートについていけず、早々と優勝争いから脱落する。最終的に5位（2時間31分07秒）となった弘山はマラソンで出場することはできなかったが、日本選手権で好成績をあげてアテネオリンピック・10000mへの出場を決めた。

あまり年齢のことに触れるのは失礼かも知れないが、アテネオリンピック当時の弘山の年齢は35歳だった。アテネオリンピックからの帰国後は同17年1月の大阪国際女子マラソン、8月のヘルシンキ（フィンランド）での世界陸上・女子マラソン、同18年3月、同19年3月の名古屋国際女子マラソンへ出場する。結果はヘルシンキの世界陸上では8位（2時間25分46秒）、同18年の名古屋国際女子マラソンで優勝（2時間23分26秒）、同19年3月の名古屋国際女子マラソンで2位（2時間28分55秒）と大健闘した。外国人のランナーに関しては細かいデータがないが、少なくとも同18年の37歳での弘山の優勝は日本人のランナーでは最年長での優勝のはずである。

おそらく、名古屋ウィメンズマラソン（名古屋国際女子マラソンの後継大会）で、日本人ランナーが37歳で優勝、38歳で2位に入ることは今後、まずないであろう。

以上のような素晴らしい実績をあげた弘山も40歳を迎えたためにトップランナーとしては現役を引退し、現在は夫・弘山勉（筑波大学陸上部コーチ）を支えつつ、アスリート、市民ランナーへの指導を続けている。

市橋有里　熱烈なファンもいた女子随一の美形

【生年・経歴】

生年＝１９７７年、出身＝徳島県、経歴＝私立戸板女子高校↓東京ランナーズ倶楽部《くらぶ》

【主な大会記録】

１９９６年３月９日　名古屋国際女子マラソン　２時間29分50秒　４位
１９９７年11月30日　東京国際女子マラソン　２時間31分25秒　６位
１９９８年11月15日　東京国際女子マラソン　２時間28分29秒　２位
１９９９年８月29日　世界陸上・女子マラソン　２時間27分02秒　２位
２０００年９月24日　シドニーオリンピック・女子マラソン　２時間30分34秒　15位
２００２年11月17日　東京国際女子マラソン　途中棄権（30㎞付近）

平成に入って以降の女子のアスリート界には、バレーボールの栗原恵《めぐみ》、大山加奈《かな》、フィギュアスケートの安藤美姫《みき》、浅田真央《まお》、卓球の福原愛といったアイドル顔負けの人気選手がいた。これに対して女子マラソン界でアイドル顔負けの人気選手であったといってもよいのが、平成11年（1999）8月のセビリア（スペイン）の世界陸上で銀メダルを獲得し、同12年9月のシドニーオリンピックにも出場した市橋有里《あり》である。

細かいレース展開はのちに触れるが、銀メダルを獲得したのち、「日の丸」の旗を手にマスコミの写真撮影に応じる市橋の姿はなかなか「堂《どう》に入った」ものであった。ともあれ、オリンピックや世界陸上に出場した日本の女子ランナーの中でも、市橋は群を抜いた美形であるといっても間違いはないであろう。

また、市橋は世界陸上の選考レースだった東京国際女子マラソン、それにセビリアの世界陸上でいずれも2位に入り、一気にシドニーオリンピック出場を手繰《たぐ》り寄せた。このため、宮原美佐子、小鴨由水《こかもゆみ》と同様に市橋を「シンデレラガール」と呼ぶ向きもある。そんな市橋は徳島県鳴門市出身で、母校・鳴門市立大麻《おおあさ》中学校の先輩には10000mなどでオリンピックに3大会連続出場した弘山晴美《ひろやま》がいる（133頁「弘山晴美」の項参照）。

次いで、同中学校を卒業後は東京の戸板女子高校へ進学したものの、高校の陸上競技部でなく、クラブチーム・東京ランナーズ倶楽部に所属した。この倶楽部は日本陸上競技連盟の肝煎《きもい》りで設立された団体で、市橋はここで浜田安則の指導を受けた。やがて、10000mからマラソンへの転向を決意した市橋は、同9年3月の名古屋国際女子マラソンに出場する。幸か不幸か、中盤まではスローペースで続いたことから市橋も先頭集団に踏み留まるが、最終盤でおいていかれて結局は4位（2時間29分50秒）に終わる。

同9年11月の東京国際女子マラソンも市橋にとっては似たようなレース展開になった。すなわち、終盤まで先頭集団に踏み留まっていたが、34㎞付近でやはりおいていかれ、6位（2時間31分25秒）という不本意な成績で終わっている。

それでも、同10年11月の東京国際女子マラソンでは、浅利純子と国立競技場のトラックの中でスパート合戦を繰り広げた（108頁「浅利純子」の項参照）。抜きつ、抜かれつのデッドヒートの挙げ句、最終的に浅利の優勝を許してしまうが、浅利の優勝タイムと、2位となった市橋のタイムとは同じ2時間28分29秒だった。

以上のようなデッドヒートが評価された市橋は、浅利、高橋尚子らとともに同11年8月のセビリアでの世界陸上への出場が決まる。その世界陸上ではマスコミの注目を集めた高橋が故障のために欠場してしまう。そのことが影響したのか否かは不明だが、8月29日の女子マラソンは飛び出す者のないまま前半はスローペースで推移し、後半は一転してハイペースに転じる。このようなペース配分が難しいレース展開の中でも、市橋は最終盤まで鄭成玉《チョンソンオク》（北朝鮮）とデッドヒートを繰り広げた。残念なことに、金メダルは鄭が獲得したが、市橋は銀メダル（2時間27分02秒）を獲得する。

以上のような世界陸上での好成績を引っ提げて挑んだ同12年8月のシドニーオリンピック・女子マラソンも、はからずも前半はスローペースで推移した。この間、高橋、市橋らは先頭集団に踏み留まるが、中間地点の手前付近で高橋が一気にロングスパートをかける。これを見た市橋は果敢《かかん》にも追撃態勢に入ったものの、体調が万全でなかったことからすぐに遅れはじめた。結局、高橋が日本の女子マラソンとしては初めて金メダル（2時間23分14秒）を獲得し、山口衛里《えり》が7位（2時間27分02秒）入賞と結果を残す中、市橋は15位（2時間30分34秒）でゴールしている。

シドニーオリンピックのあと、市橋は同16年のアテネオリンピック出場を目指して活動を開始した。けれども、その後は故障に悩まされるようになり、国内の主要大会にも出場することができなかった。そんな状況下の同14年11月、満を持して東京国際女子マラソンに出場したが、30㎞付近での途中棄権を余儀《よぎ》なくされている。

同18年、長く所属した東京ランナーズ倶楽部を離れて以降の市橋は、市民マラソンへのゲスト出場、市民ランナーへのアドバイスなどの活動を続けているという。

山口衛里　シドニーオリンピックで好走をみせた積極派

【生年・経歴】

生年＝1973年、出身＝兵庫県、経歴＝兵庫県立西脇《にしわき》工業高校→ダイエー→天満屋《てんまや》

【主な大会記録】

1995年8月22日　北海道マラソン　2時間32分47秒　2位
1996年1月28日　大阪国際女子マラソン　2時間31分43秒　12位
11月17日　東京国際女子マラソン　2時間35分23秒　7位
1998年8月30日　北海道マラソン　2時間27分36秒　優勝
1999年1月31日　大阪国際女子マラソン　2時間32分15秒　11位
11月21日　東京国際女子マラソン　2時間22分12秒　優勝
2000年4月30日　シドニーマラソン　2時間36分48秒　2位

9月24日　シドニーオリンピック・女子マラソン　2時間27分03秒　7位

兵庫県加東《かとう》市出身の山口衛里《えり》は陸上競技部の活動が盛んな兵庫県立西脇工業高校を経て、いったんは実業団・ダイエー陸上部に所属した。ところが、ダイエー陸上部が活動拠点を九州へ移すのを機に同社を退職し、同じく実業団の天満屋女子陸上部へ移籍する。

なお、岡山県や広島県東部にお住まいの方以外には馴染《なじ》みがないと思うが、天満屋は岡山市に本店を置く老舗《しにせ》百貨店である。この天満屋女子陸上部で監督・武富豊《たけとみゆたか》の指導を受けたことが、マラソンランナーとしての山口の才能を開花させた。いうまでもないと思うが、武富は平成12年（2000）のシドニーオリンピックに山口、同16年のアテネオリンピックに坂本直子、同20年の北京オリンピックに中村友梨香《ゆりか》、同24年のロンドンオリンピックに重友梨佐《しげともりさ》を出場させたという日本の女子陸上競技界を代表する名監督である。

その武富の指導の下、同7年8月の北海道マラソンに出場した。夏マラソンであったから、コンディションの調整が大変だったろうが、ペースを崩さず2位（2時間32分47秒）でゴールする。この年の北海道マラソンは岡山市出身の有森裕子《ゆうこ》が優勝し、アトランタオリンピック出場を決めた大会として名高い。山口のタイムは有森の2時間29分17秒と比べると遜色《そんしょく》があるが、初マラソンとしては大健闘といえよう。

以後、山口は同8年1月の大阪国際女子マラソンで12位（2時間31分43秒）、同年11月の東京国際女子マラソンで7位（2時間35分23秒）、同10年8月の北海道マラソンでは優勝（2時間27分36秒）、同11年1月の大阪国際女子マラソンで11位（2時間32分15秒）の成績を残している。同10年の北海道マラソンを除いて、山口にとっては不本意な内容だった。

それでも、起死回生を狙って出場した同11年11月の東京国際女子マラソンでは、序盤から千葉真《ま》子《さ》《こ》とともに飛び出してレースを引っ張った。やがて、中盤に入ると千葉が山口のハイペースについていけなくなり、後半はほぼ独走のかたちで先頭でゴールする。しかも、優勝タイムは日本歴代2位の2時間22分12秒という優れたものであった。

そういえば、東京国際女子マラソンはコースに比較的アップダウンが多いうえに、開催時期が11月であるため、「好タイムが出にくい大会」といわれてきた。そういった中で、このコースを2時間22分12秒で走り抜けた点が高く評価され、山口は同12年9月のシドニーオリンピック・女子マラソンへの出場が決まる。

そして、高橋尚子、市橋有里《あり》とともに出場した9月24日のシドニーオリンピック・女子マラソンでは、5㎞付近の給水場所で外国人ランナーと接触、転倒するという不運に見舞われた。すぐさま、立ち上がってレースを続けたが、これが影響したのか山口は先頭からは大きく離されてしまう。その直後、スパートした高橋が独走態勢に入り、一時はその高橋を市橋が追撃しようとしたのとは対照的であったというほかはない。

それでも、どうにかコンディションを整えてレースを続けた山口は、ペースが落ちた市橋や外国人ランナーをかわし、最終的に7位（2時間27分03秒）入賞となった。このレースでは金メダル（2時間23分14秒）を獲得した高橋に世間の関心、マスコミの取材が集中するが、接触、転倒後に7位入賞を果たした山口の健闘も評価されてしかるべきであろう。

しかし、シドニーオリンピックのあと、山口は故障に悩まされ続けた。

このため、同17年に現役を引退し、以後は天満屋女子陸上部のアドバイザー、コーチ、環太平洋大学（岡山市）の女子駅伝部監督、陸上競技部コーチなどを歴任する。

この間、同21年からは都道府県対抗女子駅伝の岡山県チーム監督をつとめ、岡山県チームを同年に2位、同22年には優勝（2時間16分24秒）へと導いている。都道府県対抗女子駅伝で岡山県チームが優勝するのはこれが初めてで、オリンピックに出場経験のある女子監督の優勝も初めてだった。

この時、アンカー（9区）としてトップでゴールしたのは、天満屋の後輩で、同20年の北京オリンピックで女子マラソンに出場した中村である。

渋井陽子　コンディション調整に苦しんだ大器

【生年・経歴】

生年＝1979年、出身＝栃木県、経歴＝栃木県立那須《なす》拓陽《たくよう》高校→三井海上（現・三井住友海上）

【主な大会記録】

2001年1月28日　大阪国際女子マラソン　2時間23分31秒　優勝
　　　8月12日　世界陸上・女子マラソン　2時間26分33秒　4位
2002年2月24日　横浜国際女子駅伝　日本チーム　2時間12分05秒　優勝
　　　（渋井＝5区／31分10秒）
　　　10月13日　シカゴマラソン　2時間21分22秒　3位
2004年1月25日　大阪国際女子マラソン　2時間33分02秒　9位
　　　9月26日　ベルリンマラソン　2時間19分41秒　優勝

２００５年３月13日　名古屋国際女子マラソン　２時間27分04秒　７位
２００６年３月12日　名古屋国際女子マラソン　２時間23分58秒　２位
２００７年１月28日　大阪国際女子マラソン　２時間34分15秒　10位
11月18日　東京国際女子マラソン　２時間34分19秒　７位
２００８年８月15日　北京《ペキン》オリンピック・１００００ｍ　31分31秒13　17位
11月16日　東京国際女子マラソン　２時間25分51秒　４位
２００９年１月25日　大阪国際女子マラソン　２時間23分42秒　優勝
２０１１年２月27日　東京マラソン２０１１　２時間29分03秒　３位
２０１２年１月27日　大阪国際女子マラソン　２時間32分41秒　８位
３月11日　名古屋ウィメンズマラソン　２時間25分02秒　４位

渋井陽子は平成13年（２００１）１月の大阪国際女子マラソンで優勝（２時間23分31秒）し、同16年９月にベルリンマラソンでも優勝（２時間19分41秒）した快挙で名高い。このうち、大阪国際女子マラソンでのタイムは初マラソン世界最高記録で、ベルリンマラソンでのタイムは当時の女子の日本最高記録だった。

なお、ベルリンマラソンでのタイムは、令和の現在でも日本の女子ランナーとしては歴代２番目という好タイムである。残念なことに、マラソンでのオリンピック出場は実現しなかったが、渋井は10000mで同20年8月の北京オリンピック出場を果たした。

それよりも何よりも、渋井は終盤まで独走、もしくは先頭集団で進みながら、40㎞前後で急に失速するというレースを何度も演じている。だから、

「中盤まで自重し、『最後の最後』でスパートをかければよいのに……」

などという声が、陸上競技関係者のみならず、テレビの前の視聴者からもあがったという。しかし、「最後の最後」のことなどは考えず、終盤まで独走、もしくは先頭集団で進むというのが「マラソンランナーとしての渋井陽子の魅力、強み」でもある。したがって、レース後に周囲の者があれこれいうのは、「お門違《かどちが》い」なのかも知れない。

そんな渋井は栃木県那須塩原市出身で、地元の栃木県立那須拓陽高校へ進学後は高校総体、国体、高校駅伝などで活躍した。同高校を卒業後、三井海上（現・三井住友海上）女子陸上部へ所属してからは、長距離、特にマラソンでの大会出場を目指すようになる。

冒頭で触れたとおり、初マラソンだった同13年の大阪国際女子マラソンでいきなり優勝して以降、同24年頃まで東京国際女子マラソン、大阪国際女子マラソン、名古屋ウィメンズマラソン、さいたま国際マラソンといった国内の主要大会へ出場しており、コンディション調整に苦しんでも2時間30分台前半の好タイムを記録し続けてきた。高速化の進む現在の女子マラソン界では稀《まれ》な、「息の

長い」女子ランナーであるといえよう。

そして、同13年1月の大阪国際女子マラソンでは、当時の初マラソン世界最高記録で優勝して内外の陸上競技関係者を驚愕《きょうがく》させた。次いで、同年8月のエドモントン（カナダ）での世界陸上・女子マラソンでは土佐《とさ》礼子らのペースにはついていけなかったが、4位（2時間26分33秒）に入り、日本女子の団体金メダルに貢献する。当時の新聞には渋井が恥ずかしそうな顔の土佐の手首を握り、高く掲げるという微笑《ほほえ》ましい写真が掲載されている。両人は実業団のチームメートで、大変仲がよかったという。

次いで、同14年10月のシカゴマラソンで2位（2時間21分22秒）に入ったのち、やはり先に触れたように同16年9月のベルリンマラソンで、当時の日本最高記録である2時間19分41秒という驚異的なタイムで優勝した。

けれども、この頃の渋井は先頭で進みながら40㎞付近で急に失速することが多く、同17年3月の名古屋国際女子マラソンで7位（2時間27分40秒）、同18年3月の同マラソンで2位（2時間23分58秒）、同19年1月の大阪国際女子マラソンで10位（2時間34分15秒）、11月の東京国際女子マラソンで7位（2時間34分19秒）と、マラソンでは波の多い、不本意なレースが続く。

このため、同20年8月の北京オリンピックには選考レースを経て、10000ｍで出場する。しかし、10000ｍでの渋井は予選は突破したものの、8月15日の決勝では優勝争いに絡めず、17

位（31分31秒13）に終わってしまう。

北京オリンピックのあと、同年11月の東京国際女子マラソンこそ4位（2時間25分51秒）に終わるが、同21年1月の大阪国際女子マラソンでは優勝（2時間23分42秒）する。このうち、大阪国際女子マラソンでのレース内容は、中盤でスパートして赤羽有紀子《あかはゆきこ》らを引き離し、そのまま独走態勢に入るという従来のレース内容とはやや異なるものだった。さらに、渋井は同23年2月の東京マラソン2011、同24年1月の大阪国際女子マラソンなどに出場し、元気な姿を競技場や沿道の観客、テレビの前の視聴者にみせている。その後、渋井は三井住友海上女子陸上部のヘッドコーチとなるが、ランナーとしては現在も現役で、全日本実業団女子駅伝などに出場を続けている。

野口みずき　酷暑に耐えたアテネオリンピックの金メダリスト

【生年・経歴】

生年＝1978年、出身＝三重県（神奈川県）、経歴＝三重県立宇治《うじ》山田商業高校→ワコール→グローバリー→シスメックス

【主な大会記録】

2001年8月7日　世界陸上・10000m　32分19秒94　13位
2002年3月10日　名古屋国際女子マラソン　2時間25分35秒　優勝
2003年1月26日　大阪国際女子マラソン　2時間21分18秒　優勝
8月31日　世界陸上・女子マラソン　2時間24分14秒　2位
2004年8月22日　アテネオリンピック・女子マラソン　2時間26分20秒　優勝
2005年9月25日　ベルリンマラソン　2時間19分12秒　優勝

２００７年11月18日　東京国際女子マラソン　２時間21分37秒　優勝
２０１２年３月31日　名古屋ウィメンズマラソン　２時間25分33秒　６位
２０１３年３月10日　名古屋ウィメンズマラソン　２時間24分05秒　３位
８月10日　世界陸上・女子マラソン　途中棄権（33㎞付近）
２０１６年３月９日　名古屋ウィメンズマラソン　２時間33分54秒　23位

平成16年（２００４）８月29日のアテネオリンピック・男子マラソンの終盤、バンデルレイ・デリマ（ブラジル）が先頭を快走していた時に沿道から飛び出した心ない男がデリマに抱きつくという、オリンピック史上に残るハプニングが発生する。この不心得者の闖入《ちんにゅう》により10秒前後をロスし、ペースを乱されたデリマは、不運にも金メダルを逃して銅メダルに終わった。それでもデリマは満面の笑《え》みを浮かべてゴールし、競技場の観客から万雷《ばんらい》の拍手を得ている。なお、直後にＩＯＣからクーベルタンメダルを贈られたデリマは、同28年８月のリオデジャネイロオリンピックでは最終聖火ランナーをつとめている。それはともかく、このオリンピック史上に残るハプニングに、関係者は、「不心得者の闖入が１週間前（同月22日）の女子マラソンでなくて本当によかった」

との思いを強くしたに違いない。その22日の女子マラソンでは気温が30度を超えるという言語を絶する環境の中で、25㎞付近から野口みずきが独走態勢に入ってそのまま金メダル（２時間26分20

秒）を獲得した。オリンピックで日本人の女子ランナーが金メダルを獲得するのは、同12年8月のシドニーオリンピックの高橋尚子に次いで2人目である。

そんな野口は三重県伊勢《いせ》市出身だが、生まれたのは神奈川県であるという。伊勢市立厚生《こうせい》中学校へ入学後に陸上競技をはじめ、三重県立宇治山田商業高校では高校総体に出場する。宇治山田商業高校を卒業後は実業団・ワコールに所属したものの、退社する監督・藤田信之、コーチ・真木和《まきいずみ》らと行動をともにした。実は野口は現役時代の真木に憧《あこが》れて、ワコールに所属したのであるという。その後はハローワーク（職業安定所）通いも経験しつつ、日本国内や海外のハーフマラソンに出場して実戦感覚を養った。特に、国内では向かうところ敵なしで、ハーフマラソンは34回出場し、21勝をあげたという。以上の戦歴から、野口は「ハーフマラソンの女王」と畏敬《いけい》の念を込めて呼ばれるにいたった。

幸いにも、この間に実業団・グローバリーへの所属が決まり、トラック競技の10000mで好タイムを残す。この成績が評価されて同13年8月のエドモントン（カナダ）での世界陸上・10000mに出場し、13位（32分19秒94）となった。

やがて、マラソンへの挑戦を開始するが、初マラソンだった同14年3月の名古屋国際女子マラソンでは、後半、独走態勢に入っていきなり優勝（2時間25分35秒）した。同15年1月の大阪国際女子マラソンでも後半に優れた走りをして、やはり野口が優勝（2時間21分18秒）する。

その後、同年8月のパリ（フランス）での世界陸上・女子マラソンこそ銀メダル（2時間24分14秒）だったが、先に触れたように同16年8月22日のアテネオリンピック・女子マラソンで金メダル（2時間26分20秒）を獲得したのである。このうち、アテネオリンピックでは最終盤にキャサリン・ヌデレバ（ケニア）の追撃を受けるも、野口が駆け抜けるようにゴールした。

アテネオリンピックのあとも、同17年9月のベルリンマラソンで優勝（2時間19分12秒）し、同19年11月の東京国際女子マラソンでも優勝（2時間21分32秒）する。なお、所属は実業団・シスメックスに変わるが、6回出場して5勝というのだから、この頃はマラソンでも「向かうところ敵なし」だったといってよいであろう。

しかし、連覇が期待された同20年8月の北京オリンピックは故障のために出場できず、以降も故障に悩まされる日々が続き、国内の主要大会への出場予定を取り消したこともあった。それでも、再起を目指して同24年3月、同25年3月の名古屋ウィメンズマラソンに出場し、同25年には3位（2時間24分05秒）に入る。さらに、同年8月にモスクワ（ロシア）での世界陸上・女子マラソンに出場したものの、33km付近で途中棄権を余儀《よぎ》なくされた。原因は熱中症であるという。

年齢的にも30代後半を迎えたことから、同28年、ついに野口も現役を引退した。なお、先に触れたとおり、同17年9月のベルリンマラソンで2時間19分12秒を出しているが、15年近い年月を経た現在でも野口のこの記録は日本最高記録である。

坂本直子　オリンピックで山口と同順位をおさめた後輩

【生年・経歴】

生年＝１９８０年、出身＝兵庫県、経歴＝兵庫県立西宮高校→天満屋《てんまや》

【主な大会記録】

２００３年１月26日　大阪国際女子マラソン　２時間21分51秒　３位
8月31日　世界陸上・女子マラソン　２時間25分25秒　４位
２００４年１月25日　大阪国際女子マラソン　２時間25分29秒　優勝
8月22日　アテネオリンピック・女子マラソン　２時間31分43秒　７位
２００７年９月30日　ベルリンマラソン　２時間28分33秒　５位
２００８年３月９日　名古屋国際女子マラソン　２時間30分21秒　10位
２０１１年２月20日　横浜国際女子マラソン　２時間35分17秒　10位

２０１２年1月29日　大阪国際女子マラソン　2時間39分27秒　10位

平成16年（２００４）8月のアテネオリンピック・女子マラソンでは野口みずきが金メダル（2時間26分20秒）を獲得し、土佐礼子《とさ》が5位（2時間28分44秒）、そして坂本直子が7位（2時間31分43秒）と、日本の女子ランナー全員が入賞した。無論、マラソンに出場した日本人３人が入賞というのはオリンピックの陸上競技では初の快挙である。

そんな坂本は兵庫県西宮市出身で、兵庫県立西宮高校で陸上競技部に入部したものの、全国的には無名なランナーだった。しかし、偶然にも実業団・天満屋女子陸上部の監督である武富豊《たけとみゆたか》の目にとまり、同女子陸上部へ所属することになる。なお、同20年の北京《ペキン》オリンピック・女子マラソンに出場した中村友梨香《ゆりか》は西宮高校、天満屋の後輩に当たる。

当初、全日本実業団女子駅伝などに出場していた坂本は武富の勧めもあり、マラソンへ挑戦することとなった。同15年1月の大阪国際女子マラソンで坂本は、中間点を過ぎても先頭集団に踏み留まり、30㎞付近で果敢《かかん》にもスパートに打って出る。しかし、当時、「ハーフマラソンの女王」の異名で知られていた野口みずきに最終盤でかわされた。加えて、余力のなかった坂本は、ゴール直前に千葉真子《まさこ》にかわされて3位（2時間21分51秒）に終わってしまう。けれども、この2時間21分51秒というタイムは、当時の初マラソン日本最高記録だった。その点が高く評価された坂本は、野口、千葉とともに同年8月のパリ（フランス）での世界陸上・女子マラソンに出場する。

　このパリの世界陸上でも坂本は中間点過ぎまで先頭集団に踏み留まるが、スパートする機会も、余力もないままキャサリン・ヌデレバ（ケニア）の先行を許した。結局、そのまま先頭でゴールしたヌデレバが金メダルを獲得するが、野口が銀メダル（2時間24分14秒）、千葉が銅メダル（2時間25分09秒）、そして坂本が4位（2時間25分25秒）と、日本人の女子ランナーが3人も入賞する。

　そういえば、オリンピックでは昭和7年（１９３２）のロサンゼルスオリンピック・男子１００m背泳ぎで清川正二、入江稔夫《としお》、河津憲太郎《けんたろう》がメダルを独占しており、以後も男子体操で4回、男子70m級ジャンプで1回、日本人選手がメダルを独占した。野口、千葉、坂本の世界陸上での全員入賞は、入江らのメダル独占に匹敵する快挙というほかはない。

　次いで、坂本、千葉、渋井陽子らが出場した同16年1月の大阪国際女子マラソンは、低温が原因で、前半は異様なほどペースが遅くなった。そんな中、終盤にスパートした千葉をあとからスパートした坂本がかわし、そのまま2時間25分29秒でゴールして優勝する。特に、終盤の5㎞が15分台という驚異的なタイムだった点と、千葉や渋井らの実力者を抑えた点とが高く評価され、坂本はアテネオリンピックへの出場が決まった。

　先に触れたとおり、8月22日のアテネオリンピック・女子マラソンでは野口が金メダルを獲得し、土佐が5位、坂本が7位に入賞する。アテネオリンピックのあとの坂本は、同20年3月の名古屋国際女子マラソン、同23年2月の横浜国際女子マラソンに出場するが、ともに10位という不本意な成績に終わった。

さらに、同24年1月の大阪国際女子マラソンに中村とともに出場したものの、この時も10位（2時間39分27秒）となっている。この大会で優勝（2時間25分51秒）したのは中村で、この成績が高く評価されて北京オリンピック出場が決まった。なお、中村は坂本に憧《あこが》れて、天満屋女子陸上部へ入ったという。坂本も西宮高校、天満屋の後輩である中村のオリンピック出場を、心の底から喜んだに違いない。

その後、同25年に現役を引退した坂本は、天満屋女子陸上部のアドバイザーとして後輩の指導を行なっているという。

第5章　女子マラソン苦闘時代のアスリートたち〔I〕——平成時代中期

土佐礼子　周囲に期待され続けた大型ランナー

【生年・経歴】
生年＝１９７６年、出身＝愛媛県、経歴＝愛媛県立松山商業高校→松山大学→三井海上（現・三井住友海上）

【主な大会記録】
２０００年３月12日　名古屋国際女子マラソン　２時間24分36秒　２位
　　　　11月19日　東京国際女子マラソン　２時間24分47秒　２位
２００１年８月12日　世界陸上・女子マラソン　２時間26分06秒　２位
２００２年４月22日　ロンドンマラソン　２時間22分46秒　４位
２００４年３月14日　名古屋国際女子マラソン　２時間23分57秒　優勝
　　　　８月22日　アテネオリンピック・女子マラソン　２時間28分44秒　５位

２００６年４月18日　ボストンマラソン　２時間24分11秒　３位
　　　　11月19日　東京国際女子マラソン　２時間26分15秒　優勝
２００７年９月２日　世界陸上・女子マラソン　２時間30分55秒　３位
２００８年８月17日　北京《ペキン》オリンピック・女子マラソン　途中棄権（25km付近）
２００９年３月22日　東京マラソン　２時間29分19秒　３位

土佐《とさ》礼子は平成16年（２００４）８月のアテネオリンピック、同20年８月の北京オリンピックと２大会連続、マラソンでオリンピックに出場した名ランナーである。また、土佐は日本人の女子ランナーとしては大柄の１６７cmで、ランニングフォームには力強さがあった。特に、レースの終盤に前を進むランナーを猛追撃する姿は、迫力すら感じられたように思う。

そんな土佐は愛媛県松山市出身で、愛媛県立松山商業高校、松山大学では全国大会で活躍できなかったが、同10年２月に松山で開催された愛媛マラソンで優勝した。

松山大学を卒業後、実業団・三井海上（現・三井住友海上）陸上部の所属となった土佐は、当初はハーフマラソンに出場し、野口みずきとイタリアへ遠征したこともある。

ちなみに、同じ実業団チームの渋井陽子とは年齢は昭和51年（１９７６）生まれの土佐の方が上、同54年生まれの渋井が下だが、チームに所属したのは高校を卒業した渋井が先、大学を卒業した土佐があとだった。伝えられるところによると、2人は尊敬しあう間柄で、一方がレースに出場する際に残る一方がサポート、セコンドに回ったこともあるという。

次いで、同12年3月の名古屋国際女子マラソンに出場するが、大会新記録の2時間22分19秒で2度目の優勝をする高橋尚子についていけず、2位（2時間24分36秒）となった。以後は同年11月の東京国際女子マラソン、同13年8月のエドモントン（カナダ）での世界陸上・女子マラソンでともに2位、同14年4月のロンドンマラソンで4位という成績を残す。このうち、ロンドンマラソンでは2時間22分46秒というタイムを残すが、これは土佐の自己ベストとなった。

その後はしばらくの間、故障に悩まされ続けたが、同16年3月の名古屋国際女子マラソンに出場して優勝（2時間23分57秒）する。この時の2時間23分57秒というのは各選考レースを通じて最高のタイムであったから、土佐は野口、坂本直子とともに同年8月のアテネオリンピック・女子マラソンへの出場が決まった。

そして、8月22日のアテネオリンピック・女子マラソンでは、野口らによる後半の優勝争いには参加できなかったが、土佐は5位（2時間28分44秒）でゴールする。メダルに手が届かなかった土佐にとっては不本意なレースだったろうが、ほかの日本人ランナーは野口が金メダル（2時間26分20秒）、坂本は7位（2時間31分43秒）で、出場した3人全員が入賞（8位以内）という快挙だった。

アテネオリンピックのあと、土佐はしばらくマラソンへ出場しなかったが、同18年4月にボストンマラソンへ出場して3位（2時間24分11秒）に入っている。

そして、北京オリンピックへの出場を目指して同年11月の東京国際女子マラソンに出場し、高橋尚子らを抑えて優勝（2時間26分15秒）した。

次いで、同19年9月の大阪での世界陸上・女子マラソンでは、優勝したキャサリン・ヌデレバ（ケニア）についていけず、一時は順位を大きく落とす。しかし、最終盤で猛追撃を繰り広げ、銅メダル（2時間30分55秒）を獲得した。幸いにも、右で触れたような最終盤の猛追撃が高く評価され、土佐の北京オリンピック・女子マラソンへの出場が決まる。３人のマラソンランナーのうち、野口、土佐の２人がオリンピック連続出場で、中村友梨香《ゆりか》が初出場だった。

けれども、８月17日の北京オリンピック・女子マラソンでは、故障のために野口が欠場する。このため、レース当日は前回５位の土佐に期待がかかったが、その土佐も故障が原因で思うようなレース運びができなかった。やがて、17㎞付近で遅れはじめるが、これを見た夫・村井啓一《けいいち》が25㎞付近で棄権するように勧め、妻である土佐はその言に従っている。

この後、中村が13位に入るが、３人全員が入賞した前回とは著しく異なり、日本人ランナーは完走が１人、入賞はなしという結果に終わった。土佐はのちにＮＨＫの番組に出演し、途中棄権の理由が疲労骨折だったことを明かしている。

中村友梨香　北京オリンピックで唯一完走した山口らの後輩

【生年・経歴】

生年＝1986年、出身＝兵庫県（京都府）、経歴＝兵庫県立西宮高校→天満屋《てんまや》

【主な大会記録】

2008年3月9日　名古屋国際女子マラソン　2時間25分51秒　優勝

8月17日　北京《ペキン》オリンピック・女子マラソン　2時間30分19秒　13位

2009年8月15日　世界陸上・10000m　31分14秒39　7位

8月24日　同　・5000m　15分21秒01　12位

2010年1月17日　都道府県対抗女子駅伝　2時間16分24秒　優勝

岡山県チーム（中村＝9区／32分25秒）

4月19日　ボストンマラソン　2時間30分40秒　7位

12月19日　全日本実業団女子駅伝　2時間14分35秒　優勝
　　天満屋チーム（中村＝３区／32分08秒）
２０１１年４月17日　ロンドンマラソン　2時間41分22秒　31位

野口みずきが欠場、土佐礼子《とさ》が途中棄権した平成20年（２００８）８月の北京オリンピック・女子マラソンで、唯一完走したのがこの中村友梨香《ゆりか》である。その後のマラソンでは思うような順位、記録が残せなかったが、トラック競技の１００００ｍでは同21年８月のベルリン（ドイツ）での世界陸上で７位に入賞している。世界陸上のこの種目での入賞は同11年８月のセビリア（スペイン）の世界陸上で弘山《ひろやま》晴美が４位、高橋千恵美《ちえみ》が５位に入って以来のことであった。中村の７位入賞は評価してもよいように思う。

そんな中村は京都府福知山《ふくちやま》市生まれというが、早くに兵庫県西宮市に移り住んだため、兵庫県西宮市出身とされることが多い。兵庫県立西宮高校の陸上競技部員だった時、実業団・天満屋女子陸上部の監督である武富豊《たけとみゆたか》のスカウトを受けた。この時、中村は高校の先輩である坂本直子が天満屋に所属していたこともあり、天満屋へ所属することになる。

当初、全日本実業団女子駅伝などに出場していた中村だが、北京オリンピック出場を目指して同20年３月９日の名古屋国際女子マラソンへ出場した。この大会には先輩の坂本をはじめ、高橋尚子、弘山といったオリンピック経験者が出場していたが、スタート後にスローペースが続く中、中村は自らのペースを守り続ける。やがて、高橋、弘山、そして先輩の坂本が遅れはじめると、30㎞付近で中村がスパートをかけた。そして、そのまま先頭でゴールし、初マラソンながら見事に優勝（2時間25分51秒）する。

この名古屋国際女子マラソンでの優勝、レース運びが高く評価された中村は、北京オリンピックへの出場が決まる。同年8月17日の北京オリンピック・女子マラソンで中村は13位（2時間30分19秒）だったが、天満屋では同12年9月のシドニーオリンピックで山口衛里《えり》、同16年8月のアテネオリンピックで坂本が、ともに7位入賞を果たしていた。自身が入賞できなかった点は、中村にとっては不本意であったかも知れない。

北京オリンピックのあとの中村は、マラソンへの出場を控え、先に触れたように10000mや駅伝に出場する。このうち、岡山県チームの監督・山口からアンカー（9区／10㎞）を任された同22年1月17日の都道府県対抗女子駅伝では、先頭を守り抜き、指を1本立てて（＝初優勝の意）ゴールして優勝（2時間16分24秒）に貢献した。岡山県チームの優勝はこれが初めてで、オリンピックに出場経験のある監督の優勝もまたこれが初めてである。前後したが、山口は天満屋女子陸上部の先輩でもある。

さらに、同年12月の全日本実業団女子駅伝でも3区（10㎞）に出場し、重友梨佐《しげともりさ》らと天満屋の初めての優勝（2時間14分35秒）に貢献した。天満屋は同駅伝の岐阜開催最後の大会の勝者となったわけである。

しかし、中村はマラソンの練習が思うようにできない中で出場した同22年4月のボストンマラソンは7位（2時間30分40秒）、同23年4月のロンドンマラソンは31位（2時間41分22秒）に終わってしまう。同26年に現役を引退して以降の中村は、社員として天満屋で勤務していると報じられている。

赤羽有紀子　オリンピック出場した初のママさんランナー

【生年・経歴】

生年＝1979年、出身＝栃木県、経歴＝栃木県立真岡《もおか》女子高校→城西大学→ホクレン

【主な大会記録】

2007年11月23日　国際千葉駅伝　2時間05分56秒　優勝
（赤羽＝6区／22分39秒）

2008年8月15日　北京《ペキン》オリンピック・10000m　32分00秒37　20位
同　・5000m　15分38秒30　予選敗退

2009年1月25日　大阪国際女子マラソン　2時間25分40秒　2位

8月23日　世界陸上・女子マラソン　2時間37分43秒　31位

2010年1月31日　大阪国際女子マラソン　途中棄権（39km付近）

4月25日　ロンドンマラソン　2時間24分55秒　6位
2011年1月30日　大阪国際女子マラソン　2時間26分29秒　優勝
4月17日　ロンドンマラソン　2時間24分08秒　6位
8月27日　世界陸上・女子マラソン　2時間29分35秒　5位
2012年3月11日　名古屋ウィメンズマラソン　2時間26分08秒　8位
11月18日　横浜国際女子マラソン　2時間31分43秒　9位
2013年4月21日　ロンドンマラソン　2時間24分43秒　3位
2013年8月25日　北海道マラソン　2時間32分10秒　2位
2014年1月26日　大阪国際女子マラソン　2時間26分00秒　優勝

オリンピックの柔道でメダルを5個獲得した谷亮子《りょうこ》（旧姓田村）は、

「谷でも金、ママでも金」

という発言で有名である。谷のオリンピックでの活躍はともかく、戦前のオリンピックに出場した日本の女子選手のほとんどは独身だった。戦後のオリンピックでは既婚の女子選手も出場するが、ママさん選手、すなわち出産後にオリンピックに出場したのは体操の池田敬子《けいこ》、小野清子《きよこ》らが日本の女子では最初であり、近年ではバレーボールの大友愛らの例がある。ちなみに、池田、小野は前回の東京オリンピック・体操団体で銅メダルを獲得したという日本最初のママさんメダリストでもある。また、小野は夫・小野喬《たかし》（体操）と、谷は夫・谷佳知《よしとも》（野球）と、同じオリンピックで夫婦でメダリストとなった偉業で名高い。

これに対し、ことさら体軀《たいく》を酷使する陸上競技でも、海外ではママさん選手、ママさんメダリストが少なくない。たとえば、日本国内の大会で活躍した女子のマラソンランナーでは、キャサリン・ヌデレバ（ケニア）などがママさん選手としてオリンピックに出場している。しかし、実業団チームで合宿生活を送ることが通例の日本の女子ランナーは、結婚を機に現役引退することが多い。それでも、弘山《ひろやま》晴美、土佐《とさ》礼子らのように結婚後も現役を続け、輝かしい成績を残している女子ランナーがいる。

そして、家族や実業団チームといった周辺の人々の理解、協力を得て、結婚、出産後にオリンピック出場を果たしたのが赤羽有紀子《あかはゆきこ》である。

弘山、土佐、赤羽に共通しているのは、いずれも夫が陸上競技経験者で、現在も監督、コーチなどとして陸上競技に関わっている点であろう。このうち、栃木県芳賀《はが》町出身の赤羽は栃木県立真岡女子高校を卒業後、城西大学に進んでユニバーシアードなどで活躍した。城西大学を卒業して以降は、実業団・ホクレン女子陸上競技部に所属している。

なお、赤羽の夫・赤羽周平《しゅうへい》（旧姓浅利）との結婚は平成17年（2005）であるとされるが、赤羽自身はこれを機に現役引退しようと考えていたという。しかし、夫やホクレンの関係者の理解、協力もあり、引退を思い留まった。さらに、同18年に出産したあとも現役を続け、同19年11月の国際千葉駅伝（男女混合）では日本チームの優勝（2時間05分56秒）に貢献している。この時、アンカー（6区／7・195㎞）に起用され、2番でタスキを受けた赤羽は4秒の差をものともせず、ケニアチームのアンカー・ヌデレバとの「ママさん対決」を制して先頭でゴールした。この赤羽がオリンピック・女子マラソンの銀メダリストであるヌデレバをかわして優勝するシーン、ゴールしたあとに愛児を抱きながら写真撮影に応じるシーンなどは、国際駅伝の歴史に残る名場面といえよう。

なお、赤羽はトラック競技での北京オリンピック出場を目指していたことから、同20年6月の日本選手権に5000m、10000mで出場する。

このうち、5000mでは小林祐梨子《ゆりこ》に敗れ、10000mでも渋井陽子に敗れたが、タイムや10000mでの積極的なレース運びが評価され、日本のママさんランナーとして初めて同年8月の北京オリンピック出場が決まった。

けれども、北京オリンピック直前、熱のために練習ができず、鍛え上げた筋肉が万全でなくなる。これが大きく影響して、5000mは15分38秒30で予選敗退、10000mも32分00秒20で20位という、赤羽にとっては実に不本意なレースとなった。

北京オリンピックのあと、赤羽はマラソンへ挑戦することを決意し、同21年1月の大阪国際女子マラソンに出場する。レース当日、中間点を過ぎるまで先頭集団に踏み留まり、終盤は渋井とデッドヒートを繰り広げた。しかし、優勝（2時間23分42秒）した渋井のスピードについていけず、2位（2時間25分40秒）となる。赤羽の2時間25分40秒というのは初マラソンのタイムとしては優れたものだが、2度目の優勝を果たした渋井に2分以上も離されてのゴールだった。

以後、赤羽は同年8月のベルリン（ドイツ）、同23年8月の大邱《テグ》（韓国）での世界陸上の女子マラソン、大阪国際女子マラソン、ロンドンマラソン、名古屋ウィメンズマラソン、横浜国際女子マラソンに出場している。

このうち、大邱の世界陸上・女子マラソンでは5位（2時間29分35秒）だったが、これが日本人の女子マラソン唯一の入賞だった。また、同23年1月の大阪国際女子マラソンでは同21年と同様、中間点を過ぎるまで先頭集団に踏み留まる。そして、伊藤舞《まい》とデッドヒートを繰り広げた末に、この時は赤羽のスピードに伊藤がついてこれず、そのまま赤羽が優勝（2時間26分29秒）した。

さらに、2度のロンドンマラソンは2度とも6位となるが、同22年4月に2時間24分55秒、同23年4月に2時間24分08秒と、自己ベストを記録している。この間、自己のペースを守り続け、2時間20分台の好タイムを何度も出した。ただし、同23年1月の大阪国際女子マラソンを除くと、ほかのレースは順位の面では5位、6位、8位で、赤羽自身も満足のいくものではなかったろう。結局、ママさんランナーの赤羽もついにマラソンではオリンピックに出場することができなかった。

以上のように30歳を超えてからもマラソンへの出場を続けた赤羽も現役引退を決意し、同26年1月26日の大阪国際女子マラソンをラストランと決めた。その大阪国際女子マラソンでは中間点を過ぎても先頭争いに絡んだものの、タチアナ・ガメラシュミルコ（ウクライナ）のペースについていけず、ガメラシュミルコが1位でゴールする。次いで、2位（2時間26分00秒）でゴールした赤羽は、直後に2位として表彰を受けた。

この後、赤羽は予定どおり現役を引退するが、大阪国際女子マラソンから2年後、ドーピング違反が発覚してガメラシュミルコは失格となり、タイム、順位は取り消しとなる。

この措置《そち》に伴い、赤羽が繰り上げで優勝となった。同26年当時に34歳3か月だった赤羽は日本人の女子ランナーとしては最年長での優勝で、同23年に続く2度目の優勝は日本人の女子ランナーでは赤羽が最初である。

前後したが、夫は豊田自動織機《しょっき》女子陸上部ヘッドコーチを経て、夫妻の母校である城西大学女子駅伝部監督に就任する。引退後の赤羽は家庭では夫を支えつつ、女子駅伝部のコーチ、アドバイザーをつとめているという。

第6章　女子マラソン苦闘時代のアスリートたち（Ⅱ）——平成時代後期

木崎良子　世界陸上で入賞した堅実派ランナー

【生年・経歴】

生年＝1985年、出身＝京都府、経歴＝京都府立宮津《みやづ》高校→佛教《ぶっきょう》大学→ダイハツ工業

【主な大会記録】

2007年8月9日　ユニバーシアード・10000m　32分55秒11　2位

8月13日　同　・5000m　15分58秒19　4位

2010年1月31日　大阪国際女子マラソン　2時間27分34秒　6位

11月26日　アジア大会・5000m　15分58秒85　8位

2011年1月30日　大阪国際女子マラソン　2時間29分35秒　5位

11月20日　横浜国際女子マラソン　2時間26分32秒　優勝

2012年8月5日　ロンドンオリンピック・女子マラソン　2時間27分16秒　15位

２０１３年３月10日　名古屋ウィメンズマラソン　２時間23分３４秒　優勝
　　　　　８月10日　世界陸上・女子マラソン　２時間31分28秒　４位
２０１４年３月９日　名古屋ウィメンズマラソン　２時間25分26秒　２位
　　　　　10月２日　アジア大会・女子マラソン　２時間25分50秒　２位
２０１６年３月１日　名古屋ウィメンズマラソン　２時間28分49秒　10位

平成24年（２０１２）８月のロンドンオリンピックに出場した木崎良子《りょうこ》は、いずれもマラソンで同25年８月のモスクワ（ロシア）での世界陸上で４位入賞、同26年10月の仁川《インチョン》（韓国）でのアジア大会で銀メダルを獲得するなど、国際大会で確固たる成績をあげている。国内の横浜国際女子マラソン、名古屋ウィメンズマラソンでも優勝をしており、スローペースのレースでも「大崩れ」しない堅実派のランナーである。

無論、レース中は険《けわ》しい顔をすることが多いが、レース後に笑うと「八重歯《やえば》が可愛い」ランナーとして有名である。また、京都府出身（後述）の木崎は、インタビューの際の受け答えなどに「品がある」ように思われる。

そんな木崎は京都府与謝野《よさの》町出身だが、父の木崎和夫は順天堂大学時代に４年連続で箱根駅伝に出場し、実業団・本田技研時代には勝田《かつた》マラソンに出場して２時間19分23秒の自己ベストを持つランナーだった。父から優れたＤＮＡを受け継ぎ、さらに折りに触れて的確なアドバイスを受けたであろう木崎は、京都府立宮津高校、佛教大学で陸上競技を続け、同19年8月のバンコク（タイ）でのユニバーシアード・１０００ｍで2位（32分55秒11）となった。佛教大学を卒業後、実業団・ダイハツ工業陸上部の所属となり、同22年11月の広州（中国）でのアジア大会・５０００ｍで8位（15分58秒85）に入っている。

これより先、マラソンへの挑戦を開始した木崎は、同22年1月の大阪国際女子マラソンで6位（2時間23分37秒）、同23年1月の同マラソンで5位（2時間29分35秒）という順位、タイムを残す。

次いで、女子ランナーとして「進退をかけて」臨んだという同年11月20日の横浜国際女子マラソ

木崎良子（提供：ダイハツ工業株式会社）

ンでは、終盤まで前回の覇者《はしゃ》・尾崎好美《よしみ》と激しいデッドヒートを繰り広げた。この間、一時的ながら尾崎の先行を許したこともあったが、追いついた末に最終盤の41km付近で尾崎を突き放し、トップでゴールして優勝（２時間26分32秒）する。４か月後、以上の順位、タイム、レース内容が評価された木崎は、同24年８月のロンドンオリンピックへの出場が決まった。

そして、尾崎、重友梨佐《しげともりさ》とともに挑んだ８月５日のロンドンオリンピック・女子マラソンでは、30km付近で先頭集団から遅れはじめ、結局は16位（２時間27分16秒）に終わっている。のちに、このレースでは１位でゴールしたタチアナ・ガメラシュミルコ（ウクライナ）がドーピング違反で失格、順位・記録剥奪の処分を受けたため、日本人のトップだった木崎は15位、尾崎は18位、重友は78位へ繰り上がった。

ロンドンオリンピックのあとは同25年３月、同26年３月、同28年３月の名古屋ウィメンズマラソンに出場し、それぞれ優勝（２時間23分34秒）、２位（２時間25分26秒）、10位（２時間28分49秒）という成績を残している。以上のうち、同25年の名古屋ウィメンズマラソンはリオデジャネイロオリンピックの選考レースだったが、10位に終わったために木崎の２大会連続のオリンピック出場は実現しなかった。

それでも、先に触れたとおり、木崎は同25年８月のモスクワでの世界陸上で４位（２時間31分28秒）、同26年10月の仁川でのアジア大会でも２位（２時間25分50秒）となった。なお、平成時代半ば以降、オリンピックに出場したあと、現役引退したり、ほとんど大会に出場していない女子ランナーも少なくない。

そういった中では、ロンドンオリンピックのあとも木崎が確固たる成績を残している点は、評価されてしかるべきであると思う。

尾崎好美　オリンピック後に現役を退いた「努力の人」

【生年・経歴】
生年＝1981年、出身＝神奈川県、経歴＝私立相洋高校→第一生命

【主な大会記録】
2008年3月9日　名古屋国際女子マラソン　2時間26分19秒　2位
11月16日　東京国際女子マラソン　2時間23分30秒　優勝
2009年8月23日　世界陸上・女子マラソン　2時間25分25秒　2位
2010年4月25日　ロンドンマラソン　2時間32分26秒　13位
2011年2月20日　横浜国際女子マラソン　2時間23分56秒　優勝
8月27日　世界陸上・女子マラソン　2時間32分31秒　17位
11月20日　横浜国際女子マラソン　2時間26分49秒　2位

2012年3月11日　名古屋ウィメンズマラソン　2時間24分14秒　2位
8月5日　ロンドンオリンピック・女子マラソン　2時間27分43秒　18位
2013年2月24日　東京マラソン2013　2時間28分30秒　5位

中学校でバスケットボール部に所属し、私立相洋高校では陸上競技部に所属していたものの、陸上競技の全国大会での実績はまったくない。しかし、優れたスカウト眼を持つことで知られる実業団・第一生命陸上部監督の山下佐知子に見出され、女子マラソンで世界陸上に2回、オリンピックに1回出場したという経歴の持ち主である。なお、姉の石毛朱美《いしげあけみ》（旧姓尾崎／1977～）もランナーで、東京国際女子マラソンで2位と4位、北海道マラソンで2位、アテネクラシックマラソンで優勝などといった輝かしい経歴を持つ。

そんな姉が平成18年（2006）から東京国際女子マラソンなどへ出場したのとは対照的に、妹の尾崎好美《よしみ》は山下の指導の下、マラソンに出場するための体力づくりに励む。

その甲斐《かい》あって、初マラソンだった同20年3月の名古屋国際女子マラソンでは2位（2時間26分17秒）、同年11月の東京国際女子マラソンでは優勝（2時間23分30秒）という好成績を残す。このうち、東京国際女子マラソンは先頭だった渋井陽子がペースダウンしたのをかわし、そのままゴールしての優勝だった。ちなみに、監督の山下も同3年8月の東京での世界陸上・女子マラソンで銀メダルを獲得している。

次いで、同21年8月のベルリン（ドイツ）での世界陸上・女子マラソンで尾崎は、中間点を過ぎても先頭集団に踏み留まり、38㎞付近で一度はスパートをかける。ところが、追撃して来た白雪《はくせつ》（中国）とデッドヒートを演じた末に、最終盤の41㎞付近で突き放されて金メダルを逃し、銀メダル（2時間25分25秒）を獲得した。ちなみに、監督の山下も同3年8月の東京での世界陸上・女子マラソンで銀メダルを獲得している。

以後は同23年2月の横浜国際女子マラソンで優勝（2時間23分56秒）し、8月の大邱《テグ》（韓国）での世界陸上・女子マラソンでは17位（2時間32分31秒）に終わっている。それでも、11月の横浜国際女子マラソンで2位（2時間26分46秒）、同24年3月の名古屋ウィメンズマラソンで2位（2時間24分14秒）となった。このうち、前回の覇者として出場した11月の横浜国際女子マラソンは女子ランナーとして「進退をかけて」臨んでいた木崎良子《りょうこ》と激しいデッドヒートを繰り広げ、一時的ながら木崎より前に出たが、最終盤の41㎞付近で突き放されたため、連覇を逸している。

また、ロンドンオリンピックの選考レースだった名古屋ウィメンズマラソンでは、序盤から先頭集団に踏み留まった。終盤、優勝（2時間23分52秒）したアルビナ・マヨロワの先行を許すが、ほかのランナーを抑えて2位でゴールしている。以上の順位、タイム、レース内容が評価された尾崎は、悲願だったロンドンオリンピックへの出場が決まった。

そして、同年8月5日のロンドンオリンピック・女子マラソンでは、30㎞付近で先頭集団から遅れはじめ、結局は19位（のち18位／2時間27分43秒）に終わっている（177頁「木崎良子」の項参照）。

ロンドンオリンピックのあと、現役引退を決意した尾崎は、現役最後のレースとして同25年2月の東京マラソン2013に出場し、日本人最高の5位（2時間28分30秒）でゴールした。現役引退後の尾崎は第一生命陸上部のアドバイザーをつとめ、市民ランナーへのアドバイスなどを続けているという。

なお、第一生命の後輩である田中智美《ともみ》が同28年3月の名古屋ウィメンズマラソンで2位となり、同年8月のリオデジャネイロオリンピックに出場した。自身の練習パートナーをつとめることが多かった田中のオリンピック出場を、監督の山下、そして先輩である尾崎はわがことのように喜び、欣喜雀躍《きんきじゃくやく》したと伝えられている。

重友梨佐　中盤で惜しくも後退した大型選手

【生年・経歴】
生年＝1987年、出身＝岡山県、経歴＝私立興譲館《こうじょうかん》高校→天満屋《てんまや》

【主な大会記録】
2010年12月12日　全日本実業団女子駅伝　天満屋　2時間14分35秒　優勝
（重友＝5区／37分36秒）
2011年4月17日　ロンドンマラソン　2時間31分28秒　24位
2012年1月29日　大阪国際女子マラソン　2時間23分23秒　優勝
8月5日　ロンドンオリンピック・女子マラソン　2時間40分06秒　78位
2013年8月25日　北海道マラソン　2時間51分55秒　13位
11月3日　ニューヨークシティマラソン　2時間31分54秒　11位

２０１４年１月26日　大阪国際女子マラソン　２時間58分45秒　63位
２０１５年１月25日　大阪国際女子マラソン　２時間26分39秒　２位
８月30日　世界陸上・女子マラソン　２時間32分37秒　14位
２０１６年１月31日　大阪国際女子マラソン　２時間30分40秒　５位
２０１７年１月29日　大阪国際女子マラソン　２時間24分21秒　優勝
８月６日　世界陸上・女子マラソン　２時間36分03秒　27位

武富豊《たけとみゆたか》率いる実業団・天満屋女子陸上部は平成12年（２０００）９月のシドニーオリンピックの山口衛里《えり》を皮切りに、坂本直子、中村友梨香《ゆりか》と３大会連続でオリンピックの女子マラソンへ選手を送り込んだ。そして、同24年（２０１２）８月のロンドンオリンピックに、以上の３人の先輩に続いて出場したのが重友梨佐《しげともりさ》である。しかし、重友は足の故障のためにロンドンオリンピックでは78位（２時間40分06秒／後述）に終わった。

それでも、以後も大阪国際女子マラソンで好成績（２位、優勝）をあげ、同27年８月の北京《ペキン》（中国）での世界陸上、同29年８月のロンドン（イギリス）での世界陸上に女子マラソンで出場している。近年、オリンピックに出場後、これといった成績を残せない女子ランナーが多い中では、重友は「意地をみせた」といってもよいであろう。

そんな重友は岡山県備前市《びぜん》出身で、地元の中学校を卒業後、私立興譲館高校（同井原市）へ進学して陸上競技に本格的に打ち込む。身長は１６８㎝というから、女子マラソンでは土佐礼子《とさ》（１６７㎝）を上回る大型ランナーということになろう。

前後したが、興譲館高校は男子、女子がともに全国高校駅伝へ出場経験があり、わけても女子は優勝経験もあった。重友も興譲館高校時代は全国高校駅伝で活躍し、卒業後は天満屋女子陸上部に所属する。なお、同24年８月のロンドンオリンピック・１００００ｍに出場した新谷仁美《にいやひとみ》は興譲館高校の同級生で、令和元年（２０１９）９月のマラソングランドチャンピオンシップ（ＭＧＣ）で３位に入った小原怜《れい》は興譲館高校、天満屋の３年後輩である。

当初、重友は全日本実業団女子駅伝などで快走を披露して注目された。このうち、特に、エース区間の５区（11・６㎞）を任された同22年12月の全日本実業団女子駅伝では、37分36秒で駆け抜け、天満屋の「悲願の初優勝」に貢献している。

やがて、マラソンへの挑戦を決意し、同23年４月のロンドンマラソンに出場したものの、初マラソンは24位（２時間31分28秒）に終わっている。

それでも、同24年１月29日の大阪国際女子マラソンでは、中間点を過ぎるまでベテランの福士加代子《ふくしかよこ》についていった。やがて、福士のペースが落ちた終盤、重友は自己のペースを守ってそのまま優勝（２時間23分23秒）する。以上のような２度目のマラソンとは思えない見事な走りは高い評価を受け、同年8月のロンドンオリンピック出場が決定する。これにより、重友は天満屋から4人目のオリンピック選手となった。

そういえば、山口、坂本、中村（生まれは京都府）はいずれも兵庫県出身だったから、天満屋所属の岡山県出身のオリンピック選手は重友が初めてということになる。

けれども、冒頭で触れたように、期待されたロンドンオリンピックでは79位、2時間40分06秒という順位、タイムしか残せなかった。さらに、その後の重友は同25年8月の北海道マラソンで13位（2時間51分55秒）、11月のニューヨークシティマラソンで11位（2時間31分54秒）、同26年1月の大阪国際女子マラソンで63位（2時間58分45秒）と、実力を発揮できないレースが続く。

それでも、雪辱を期して挑んだ同27年1月の大阪国際女子マラソンでは、一時は1位でゴールしたタチアナ・ガメラシュミルコ（ウクライナ）と併走するなどしたが、中間点を過ぎたあたりでガメラシュミルコについていけなくなる。結局、重友は2時間26分39秒というタイムで、3位でゴールする。

ただし、のちにガメラシュミルコのドーピング違反が発覚したため、重友のロンドンオリンピック、大阪国際女子マラソンの順位はそれぞれ78位、2位へ繰り上がった。

福士加代子　４度オリンピックに出場した長距離の女王

【生年・経歴】

生年＝１９８２年、出身＝青森県、経歴＝青森県立五所川原《ごしょがわら》工業高校→ワコール

【主な大会記録】

２００２年２月24日　横浜国際女子駅伝　日本チーム　２時間12分05秒　優勝

（福士＝２区／31分22秒）

10月８日　アジア大会・１００００m　30分51秒81　２位

10月12日　同　・５０００m　14分55秒19　２位

２００３年８月23日　世界陸上・１００００m　31分10秒57　11位

27日　同　・５０００m　15分16秒53　予選敗退

２００４年８月22日　アテネオリンピック・１００００m　33分48秒66　26位

2005年8月7日　世界陸上・10000m　51分03秒75　11位
14日　同　・5000m　14分59秒72　12位
2006年12月8日　アジア大会・10000m　31分29秒38　優勝
2007年8月25日　世界陸上・10000m　32分32秒85　10位
9月1日　同　・5000m　15分19秒40　14位
2008年1月27日　大阪国際女子マラソン　2時間40分54秒　19位
8月1日　北京《ペキン》オリンピック・10000m　31分01秒14　11位
19日　同　・5000m　15分20秒46　予選敗退
2009年8月15日　世界陸上・10000m　31分23秒49　9位
2010年11月21日　アジア大会・10000m　31分55秒54　4位
26日　同　・5000m　15分25秒08　5位
2011年10月9日　シカゴマラソン　2時間24分38秒　3位
2012年1月29日　大阪国際女子マラソン　2時間37分35秒　8位
8月2日　ロンドンオリンピック・10000m　31分10秒35　10位
8月7日　同　・5000m　15分09秒81　予選敗退
2013年1月27日　大阪国際女子マラソン　2時間24分21秒　優勝

２０１４年９月28日　ベルリンマラソン　２時間26分25秒　６位
２０１５年10月１日　シカゴマラソン　２時間24分25秒　４位
２０１６年１月31日　大阪国際女子マラソン　２時間22分17秒　優勝
　　　　　８月14日　リオデジャネイロオリンピック・女子マラソン　２時間29分53秒　14位
２０１９年１月27日　大阪国際女子マラソン　途中棄権（35・５km付近）
　　　　　３月10日　名古屋国際女子マラソン　２時間24分09秒　８位
　　　　　９月15日　ＭＧＣ　２時間33分29秒　７位
２０２０年１月26日　大阪国際女子マラソン　途中棄権（25km付近）

　日本の女子選手では柔道の谷亮子《りょうこ》（旧姓田村）が５大会連続、レスリングの吉田沙保里《さおり》、伊調《いちょう》馨《かおる》が４大会連続で夏季オリンピックに出場し、毎回、メダルを獲得している。また、橋本聖子（オリンピック担当大臣）は本職のスピードスケートで冬季オリンピックに４回出場して銅メダルを１個獲得し、この間に自転車で夏季オリンピックに３回出場した。

　以上の面々は別格だが、陸上競技では佐藤恵《めぐみ》が走高跳、弘山《ひろやま》晴美が１００００ｍなどで夏季オリンピックに３大会連続し、福士加代子《ふくしかよこ》が同じく１００００ｍなどで３大会連続で出場したのちにマラソンで1回出場している。

おそらく、陸上競技、特にトラック競技、マラソンで夏季オリンピックに4大会連続出場という福士を上回る女子ランナーは、今後、出現しないであろう。

また、リオデジャネイロオリンピックに出場した当時の福士は34歳4か月だった。この年齢はオリンピックに出場した日本の女子マラソンの選手としては最年長である。

それほどに、福士は偉大な女子ランナーなのだが、実業団・ワコール陸上部に所属した当初のチョンマゲ風の髪形や、お茶目《ちゃめ》な言動でも知られている。

たとえば、都道府県対抗女子駅伝で青森県チームのアンカー（9区）を任された際、両手を使ってリンゴ（＝青森県の特産物）のかたちをつくり、8区のランナーを励ました。

そんな福士は青森県板柳《いたやなぎ》町出身で、青森県立五所川原工業高校時代は全国大会での上位入賞は果たせていない。それでも、ワコールの所属となって以降、トラック競技の10000m、5000m、駅伝で大活躍を開始した。わけても、日本選手権の10000mでは平成14年（2002）から6連覇するなど、国内では「向かうところ敵なし」だった。

また、同14年10月の釜山《プサン》（韓国）でのアジア大会では10000m、5000mでともに2位となり、同18年12月のドーハ（アラブ首長国連邦）でのアジア大会では10000mで優勝している。

しかし、長距離（10000m、5000m）に出場した同16年8月のアテネオリンピック、同

20年8月の北京オリンピック、同24年8月のロンドンオリンピック、および4大会連続で出場した世界陸上では8位入賞ができず、予選敗退したこともあった。

中でも、足の故障をおして出場したアテネオリンピックの１００００ｍでは、先頭から2周遅れの26位（33分48秒66）という不本意な成績に終わっている。

また、オリンピックに3大会、世界陸上に4大会出場する間にも、同14年12月の全日本実業団女子駅伝では他チームのランナーと接触して負傷し、同19年6月の日本選手権でも転倒を経験した。

さらに、初マラソンだった同20年1月の大阪国際女子マラソンでは、福士はスタート直後に飛び出して独走態勢に入るが、30㎞付近で急にペースが落ち、やがて後続に次々と抜かれる。この後、何度も転倒し、長居陸上競技場へ入ってからも転倒したため、観衆からは悲鳴があがったほどだったが、どうにか19位（2時間40分54秒）でゴールした。急にペースが落ち、転倒を繰り返したのは準備不足、経験不足が遠因と報じられている。以後もマラソンでは思うような成績をあげることができず、この種目でのオリンピック出場は断念した。それでも、日本選手権などで渋井陽子、赤《あか》羽有紀子《はゆきこ》、小林祐梨子《ゆりこ》、あるいは吉川美香《みか》、新谷仁美《にいやひとみ》といった強豪と名勝負を演じた末に、福士は長距離での北京オリンピック、ロンドンオリンピックへの出場を果たしている。

なお、福士は同25年8月のモスクワ（ロシア）での世界陸上・女子マラソンで銅メダル（2時間27分45秒）を獲得しており、同26年9月のベルリンマラソンで6位、同27年10月のシカゴマラソンでも4位に入っている。

次いで、同28年1月の大阪国際女子マラソンでは後半にスパートをかけて一度は独走態勢に入るが、残り1㎞を切ったあたりでタチアナ・ガメラシュミルコ（ウクライナ）にかわされ、2位（2時間22分17秒）となった。福士や周囲の人々は、

「この順位、タイムでリオデジャネイロオリンピックへの出場が内定だ！」

と確信したが、何とこの時は内定が出ていない。このため、福士本人は3月の名古屋ウィメンズマラソンへの出場を口にしたというが、結局、同マラソンの終了後、福士は（マラソンでは初めてだが）4大会連続でのオリンピック出場が決まった。前後したが、のちにガメラシュミルコのドーピング違反が発覚し、福士は繰り上げで優勝となっている。

そして、同年8月14日のリオデジャネイロオリンピック・女子マラソンでは、中間点付近までは先頭集団に踏み留まったが、以降は次第に遅れていく。田中智美《ともみ》に抜かれたり、抜き返したりを演じた末に、福士は14位（2時間29分05秒）、田中は19位、伊藤舞《まい》は46位となった。

リオデジャネイロオリンピックのあとは、同31年1月の大阪国際女子マラソンに出場したが、前半に転倒して負傷し、35・5㎞付近で途中棄権する。

それでも、同年3月の名古屋ウィメンズマラソンに出場し、日本人では2番目の8位（2時間24分09秒）でゴールし、マラソングランドチャンピオンシップ（ＭＧＣ／東京オリンピックの選考競

技会）への出場権を獲得した。

けれども、37歳（参加10人中、最年長）で挑んだ同年9月15日のMGCでは、7位（2時間33分29秒）に終わる。さらに、令和2年（2020）1月26日の大阪国際女子マラソンに出場したが、優勝した松田瑞生《みずき》らのハイペースについていけずに20㎞付近で遅れはじめ、結局、25㎞付近で途中棄権した。なお、テレビ中継では棄権を決意する前後の福士の発言も、全国放送されている。その発言を聞いた限りでは、棄権は（監督、コーチの側からのアドバイスに従ったものではなく）福士が自分自身で決断したものと推測される。

しかし、福士はなおもマラソンでの東京オリンピック出場を目指しており、3月の名古屋ウィメンズマラソンに出場する可能性があるという。

田中智美　オリンピックに出場した山下門下の尾崎の後輩

【生年・経歴】

生年＝1988年、出身＝千葉県、経歴＝私立千葉英和《えいわ》高校→玉川大学→第一生命

【主な大会記録】

2011年11月3日　全日本実業団女子駅伝　第一生命チーム　2時間17分21秒　優勝

（田中＝6区／20分41秒）

2014年3月9日　名古屋ウィメンズマラソン　2時間26分05秒　4位

11月16日　横浜国際女子マラソン　2時間26分57秒　優勝

2015年9月27日　ベルリンマラソン　2時間28分00秒　8位

2016年3月13日　名古屋ウィメンズマラソン　2時間23分19秒　2位

8月21日　リオデジャネイロオリンピック・女子マラソン　2時間31分12秒　19位

２０１９年1月27日　大阪国際女子マラソン　2時間29分03秒　7位

私立千葉英和高校、玉川大学では全国大会で活躍していないが、実業団・第一生命陸上部の監督である山下佐知子に見出され、やがて平成28年（２０１６）8月のリオデジャネイロオリンピック・女子マラソンに出場した名ランナーである。実業団の先輩・尾崎好美《よしみ》の場合もそうだが、山下の優れたスカウト眼には敬服せざるを得ない。

そんな田中智美《ともみ》は千葉県成田市出身だが、先に触れたように陸上競技部だった千葉英和高校、玉川大学では活躍できなかった。けれども、山下に見出され、尾崎の練習パートナーをつとめる中で、長距離、マラソン向きの体躯《たいく》をつくり上げた。やがて、同23年11月の全日本実業団女子駅伝では第一生命チームのアンカー（6区＝6・3㎞）に抜擢され、期待に応える好走でチームの優勝（2時間17分21秒）に貢献している。

やがて、田中は尾崎に触発されるかたちでマラソンに取り組むようになり、同26年3月の名古屋ウィメンズマラソンで4位（2時間26分05秒）に入った。また、同年11月の横浜国際女子マラソンでは、不慣れだったためか一時は先頭集団においていかれるが、中間点のあたりまで追い上げを続ける。そして、最終盤にほかのランナーを突き放してトップでゴールし、優勝（2時間26分57秒）した。ところが、世界陸上の選考レースである国内3大大会（当時は東京、名古屋、横浜）で優勝したにもかかわらず、不運にも田中は同27年8月の北京《ペキン》（中国）での世界陸上の選手には選ばれていない。

それにもめげず、田中は同年9月のベルリンマラソンに出場し、日本人トップの8位（2時間28分00秒）となった。

そして、リオデジャネイロオリンピックの選考レースである同28年3月の名古屋ウィメンズマラソンでは中間点過ぎまで先頭集団に踏み留まった。やがて、30㎞付近でユニスジェプキルイ・キルワ（バーレーン）がロングスパートをかけるや、果敢《かかん》にも尾崎がこれに続く。しかし、田中はついていけなくなり、最終盤には小原怜《れい》とのデッドヒートを強いられた。それでも、田中はゴールの100m手前でスパートをかけ、2位（2時間23分19秒）でゴールした。タイムは2位の田中が2時間23分19秒、3位の小原が2時間23分20秒で、田中と小原との差は1秒という僅差《きんさ》である。この結果、田中はリオデジャネイロオリンピックへの出場が決まった。

しかし、同年8月21日のリオデジャネイロオリンピック・女子マラソンでは、前半で先頭集団についていけなくなり、福士加代子《ふくしかよこ》と抜いたり抜き返されたりを演じた末に、福士は14位、田中は19位でゴールする（伊藤舞《まい》は46位）。田中のタイムは2時間31分12秒だった。

リオデジャネイロオリンピックのあとはしばらくマラソンに出なかったが、平成31年1月27日の大阪国際女子マラソンに出場した。けれども、レースでは序盤に先頭集団においていかれ、実力が発揮できぬままトップから3分半以上も遅い7位（2時間29分03秒）でゴールする。この結果、マラソングランドチャンピオンシップ（ＭＧＣ／東京オリンピックの選考競技会）への挑戦権を得られなかったため、田中の２大会連続でのオリンピック出場は大きく遠退いた。

伊藤　舞　ハーフが得意だったリオオリンピックの代表選手

【生年・経歴】

生年＝1984年、出身＝奈良県、経歴＝私立京都　橘《たちばな》　高校→京都産業大学→デンソー→大塚製薬

【主な大会記録】

2010年3月14日　名古屋国際女子マラソン　2時間29分13秒　4位
2011年1月30日　大阪国際女子マラソン　2時間26分55秒　2位
8月27日　世界陸上・女子マラソン　2時間35分16秒　21位
2012年3月11日　名古屋ウィメンズマラソン　2時間25分26秒　5位
11月18日　横浜国際女子マラソン　2時間27分06秒　5位
2013年4月21日　ロンドンマラソン　2時間28分37秒　8位

8月25日　北海道マラソン　2時間32分54秒　3位
2014年2月24日　東京マラソン2014　2時間28分36秒　7位
4月13日　ウィーンマラソン　2時間35分15秒　7位
2015年3月8日　名古屋ウィメンズマラソン　2時間24分42秒　3位
8月30日　世界陸上・女子マラソン　2時間29分48秒　7位
2016年8月21日　リオデジャネイロオリンピック・女子マラソン　2時間37分27秒　46位
2017年1月29日　大阪国際女子マラソン　2時間23分15秒　11位

伊藤舞《まい》は平成27年（2015）8月の北京《ペキン》（中国）での世界陸上・女子マラソンで7位に入賞し、同28年9月のリオデジャネイロオリンピックに同じ種目で出場した。

けれども、世界陸上では日本人最高の順位ではあるものの、優勝（2時間27分35秒）したマレ・ディババ（エチオピア）から2分以上も離されてゴールしている。

そんな伊藤は奈良市出身で、奈良市立平城東《へいじょうひがし》中学校ではバレーボール部の部員だった。次いで、私立京都橘高校、京都産業大学では陸上競技部に入り、同大学の4年の時に日本インカレ・10000mで優勝する。大学を卒業後、いったんは実業団・デンソー陸上部の所属となるが、実業団・大塚製薬陸上部へ転じた。やがて、同陸上部で監督、スタッフと故障しない体づくりに取り組んだことが「功を奏した」のだろう。同22年3月の大阪国際女子マラソンに出場し、初マラソンながら4位（2時間29分13秒）と健闘した。

また、同23年1月の大阪国際女子マラソンでも優勝した赤羽有紀子《あかはゆきこ》に続く2位（2時間26分55秒）と健闘するが、8月の大邱《テグ》（韓国）での世界陸上・女子マラソンでは21位（2時間35分16秒）という成績に終わる。以後は同24年3月の名古屋ウィメンズマラソン、11月の横浜国際女子マラソン、同25年4月のロンドンマラソン、8月の北海道マラソン、同26年2月の東京マラソン2014、4月のウィーンマラソンに出場した。このうち、夏マラソンである北海道マラソンは3位（2時間32分54秒）だったが、ほかは順位が5位から8位、タイムもおおむね2時間20分台の後半だった。

伊藤　舞（提供：大塚製薬陸上競技部）

それでも、世界陸上、リオデジャネイロオリンピックへの出場を目指して同27年3月の名古屋ウィメンズマラソンに出場した。レースでは中間点を過ぎるあたりまで先頭集団に踏み留まっていたが、次第に遅れはじめる。その後、伊藤はいったんは先頭集団を追う構えをみせるも、日本人トップで3位（2時間22分48秒）の前田彩里に続く4位（2時間24分42秒）でゴールした。のちに、2位のマリア・コノワロア（ロシア）のドーピング違反が発覚したため、前田が2位、伊藤が3位へ繰り上がっている。

この名古屋ウィメンズマラソンでの成績が評価され、伊藤は同年8月の北京での世界陸上・女子マラソンに出場した。レースでは終盤まで先頭集団のペースについていくが、複数のランナーがロングスパートし、伊藤はおいていかれる。結局、順位は7位、タイムは2時間29分48秒だったが、「世界陸上で日本人トップ、かつ8位以内」

という条件を満たしたため、早々とオリンピックへの出場が内定した。

ともあれ、右足に故障を抱えたまま挑んだ同28年8月21日のリオデジャネイロオリンピックで伊藤は、前半に先頭集団、次いで2位集団から遅れてしまい、最終的に日本人最下位の46位（2時間37分27秒）となっている。

その5か月後の同29年1月、伊藤はロンドン（イギリス）での世界陸上出場を目指して大阪国際女子マラソンに出場するが、11位（2時間32分15秒）に終わった。

第7章　2020年の東京オリンピックに挑む期待の選手たち

前田穂南　MGCで優勝した天満屋のエース

【生年・経歴】

生年＝1996年、出身＝兵庫県、経歴＝私立大阪薫英《くんえい》女学院高校→天満屋《てんまや》

【主な大会記録】

2017年1月29日　大阪国際女子マラソン　2時間32分19秒　12位
8月27日　北海道マラソン　2時間28分48秒　優勝
2018年1月28日　大阪国際女子マラソン　2時間23分48秒　2位
9月16日　ベルリンマラソン　2時間25分23秒　7位
2019年3月3日　東京マラソン　2時間31分42秒　12位
9月15日　MGC　2時間25分15秒　優勝

令和2年（２０２０）8月に開催される東京オリンピックのマラソンに関して、同元年9月15日に選手の選考競技会・マラソングランドチャンピオンシップ（ＭＧＣ）が開催された。このＭＧＣでの男子、女子の1位、2位は無条件でオリンピック出場が内定するという従来にはない条件の中、女子で見事に優勝（2時間25分15秒）したのが前田穂南《ほなみ》である。

その前田は兵庫県尼崎市出身で、私立薫英女学院高校（大阪府摂津《せっつ》市）ではトラック競技の１５００ｍなどに取り組む。けれども、当時の大阪府内の高校には好記録を持つ女子ランナーが多かったため、都道府県対抗女子駅伝などでは補欠に回らざるを得なかった。

高校卒業後は実業団・天満屋女子陸上部に所属し、20歳を過ぎてからマラソンへ挑戦する。まず、平成29年（２０１７）1月に天満屋の先輩・重友梨佐《しげともりさ》と大阪国際女子マラソンへ出場するが、12位（2時間32分19秒）に終わった。一方、この時、優勝（2時間23分23秒）した重友は、同年8月のロンドン（イギリス）での世界陸上へ出場する。

重友の世界陸上出場に触発されたのか、以後の前田は同年8月の北海道マラソンで優勝（2時間28分48秒）、同30年1月の大阪国際女子マラソンで2位（2時間23分48秒）、9月のベルリンマラソンで7位（2時間25分23秒）、同31年3月の東京マラソンで12位（2時間31分41秒）という順位、タイムを残した。このうちの大阪国際女子マラソンで前田は、中間点を過ぎるあたりまで先頭集団に踏み留まり、好機をとらえロングスパートをかける。この時、前田や追撃する松田瑞生《みずき》が、一時的にペースメーカーのランナーよりも前に出るというポジティブな姿勢をみせた。しかし、終盤、逆にロングスパートをかけられたあと、ついにかわされて前田は松田の優勝（2時間22分44秒）を許してしまう。結局、前田は2位に終わったが、

「同30～31年のシーズンに大阪国際女子マラソンで2時間28分(3位)以内、2時間27分(6位)以内」という条件をクリアし、MGCへの出場権を得た。なお、同年9月のベルリンマラソンでも松田が5位（2時間22分23秒）、前田が7位で、天満屋の先輩・小原怜《れい》が10位（2時間27分29秒）だった。

松田は大阪薫英女学院高校では、前田の1年先輩に当たる。そして、満を持して挑んだMGCでは前半、若手の一山麻緒《いちやままお》がポジティブなレースを繰り広げた。やがて、中間点を過ぎるあたりで一気に前田がしかけ、そのまま独走態勢に入る。結局、前田はそのままトップでゴールし、優勝（2時間25分15秒）した。9月半ばながら酷暑の東京でのこのタイムは見事であるといえよう。また、2位（2時間29分02秒）の鈴木亜由子《あゆこ》を4分近く引き離した点も、陸上競技関係者に高く評価された。

ちなみに、MGCでは小原が3位（2時間29分06秒）に入り、高校の先輩・松田が4位（2時間29分51秒）に入っている。先に触れたように、前田はベルリンマラソンでも天満屋の先輩・小原に勝っているが、MGCで初めて、前田は高校の先輩・松田にマラソンで勝ったわけである。

いずれにしても、重友梨佐、小原怜、さらには松田瑞生という優れた先輩たちが、オリンピック選手・前田穂南を育てたといっても過言ではあるまい。

鈴木亜由子　トラックからマラソンに転じた才媛

【生年・経歴】

生年＝1991年、出身＝愛知県、経歴＝愛知県立時《じ》習《しゅう》館《かん》高校→名古屋大学→日本郵政グループ

【主な大会記録】

2013年7月8日　ユニバーシアード・10000m　32分54秒17　優勝

12日　同・5000m　15分51秒47　2位

2015年8月30日　世界陸上・5000m　15分08秒29　9位

2016年1月17日　都道府県対抗女子駅伝　愛知県チーム　2時間16分02秒　優勝

（鈴木＝9区／31分30秒）

8月16日　リオデジャネイロオリンピック・5000m　15分41秒82　予選敗退

11月24日　全日本実業団女子駅伝　日本郵政グループ　2時間15分10秒　優勝
（鈴木＝2区／12分15秒）
2017年8月5日　世界陸上・10000m　31分27秒30　10位
10日　世界陸上・5000m　15分24秒86　予選敗退
2018年8月26日　北海道マラソン　2時間28分32秒　優勝
2019年9月15日　MGC　2時間29分02秒　2位
11月24日　全日本実業団女子駅伝　日本郵政グループ　2時間15分10秒　優勝
（鈴木＝3区／34分42秒）

IOCの意向で令和2年（2020）8月の東京オリンピックのマラソン、競歩の札幌開催が本決まりとなる中で、俄然《がぜん》、期待が高まった感があるのがマラソングランドチャンピオンシップ（MGC）で優勝（2時間28分48秒）した前田穂南《ほなみ》と、2位（2時間29分02秒）だった鈴木亜由子《あゆこ》である。何しろ、平成29年（2017）8月の北海道マラソンでの優勝（2時間28分48秒）は前田で、同30年8月の優勝（2時間28分32秒）は鈴木だった。マラソンのコースが北海道マラソンのそれと重複する箇所が多いとすれば、前田、鈴木らが有力視されるのは当然のことといえよう。ところで、MGCの男子で優勝した中村匠吾《しょうご》、2位の服部勇馬《ゆうま》、3位の大迫傑《すぐる》、女子で3位の小原怜《れい》には北海道マラソンの優勝経験がない。

　また、中村、服部、前田、小原にはオリンピックに出場した経験がないが、大迫、それに鈴木は違う。なぜならば、大迫は５０００ｍ、１００００ｍで、鈴木は５０００ｍで、平成28年8月のリオデジャネイロオリンピックに出場しているからである。

　このうち、愛知県豊橋市出身の鈴木は、「栴檀《せんだん》は双葉より芳《かんば》し」とでもいうべきであろうか。豊橋市立八町中学校時代から全日本中学校陸上競技選手権に出場し、８００ｍで1回、１５００ｍでは2回も優勝している。次いで、愛知県立時習館高校に進んでからは、勉強と陸上競技とを両立させ、卒業後に名古屋大学経済学部へ進学した。いうまでもなく、名古屋帝国大学以来の伝統を有する同大学は、全国屈指の難関大学である。したがって、鈴木は世界規模の大会で活躍した長距離選手の中でも随一の才媛《さいえん》といってもよいであろう。

　無論、名古屋大学でも鈴木は陸上競技を続け、同22年7月のモンクトン（カナダ）での世界ジュニア陸上競技選手権・５０００ｍで5位入賞し、同25年7月のカザン（ロシア）でのユニバーシアードでは１００００ｍで優勝（32分54秒17）、５０００ｍで2位（15分51秒47）という輝かしい成績を残している。

　そんな鈴木にとってこの上なく幸いだったのは、大学卒業の年（同26年）に日本郵政グループが女子の実業団チームを創部したことであろう。創部の年、日本郵政グループの女子陸上部は鈴木、関根花観《はなみ》ら10人にも満たない女子選手でスタートしたが、大学を卒業し、国際大会での経験があった鈴木が初代キャプテンに就任している。

次いで、鈴木は同28年6月の日本陸上競技選手権などで5000m、10000mの派遣標準記録を突破し、同年8月のリオデジャネイロオリンピックへの出場が決まった。同選手権の10000mでは鈴木が優勝したが、関根も2位に入ってリオデジャネイロオリンピックへの出場が決まっている。創部わずか2年で鈴木、関根という2人のオリンピック選手を出した日本郵政グループは見事というほかはあるまい。

ところが、鈴木はリオデジャネイロオリンピックではコンディション不良を理由に、同月12日の

第103回日本陸上競技選手権大会での鈴木亜由子（提供：日本郵政株式会社）

1０００ｍを欠場せざるを得なかった（関根は31分44秒44で20位）。それでも、16日の５０００ｍには予選2組で出場し、スタートした直後には先頭集団に加わっている。しかし、ほかのランナーと接触、流血するという不運に見舞われた結果、15分41秒82で予選敗退となってしまう。

以上のようにオリンピックでは本領を発揮できなかったのだが、愛知県の人々や、全国の女子駅伝ファンには早くから鈴木の名は知られていた。なぜならば、同年1月の都道府県対抗女子駅伝で愛知県チームが初めて優勝（2時間16分02秒）した際、アンカー（９区＝10㎞）をつとめ、大逆転劇を演じたのが鈴木だったからである。

また、先に触れたユニバーシアードでの優勝、2位や、オリンピック出場は地元・愛知の新聞、テレビでは比較的大きく報じられたから、やはり愛知県の人々には鈴木の名はよく知られていたのだった。

同年の都道府県対抗女子駅伝に関してさらに踏み込んで触れるならば、一般的にいって近年、各都道府県のエースが投入されるこの9区で大逆転劇がみられることが稀《まれ》である。

そんな中、先頭と1分37秒差の4位でタスキを引き継いだ鈴木は、前を進む3人を次々とかわし、トップでゴールした。無論、長い歴史を誇るこの駅伝では過去に数々の大逆転劇は繰り広げられてきたが、鈴木の演じた大逆転劇は、

「都道府県対抗女子駅伝の平成時代末期を代表する名場面だった！」

といっても過言ではあるまい。

その後の鈴木は先に触れたとおり、初マラソンだった同30年8月の北海道マラソンで優勝（2時間28分32秒）して、MGCへの参加資格を得た。MGCのレース内容は前項で触れたとおりだが（206頁「前田穂南」の項参照）、鈴木のタイムは2時間29分02秒で、前田の優勝タイム（2時間25分15秒）から4分以上遅れてゴールしている。

5000m、10000mではスピードに定評があった鈴木だが、マラソンの自己ベストは北海道マラソンでの2時間28分32秒である。したがって、

「いかにしてスピードアップをはかるか？」

が、東京オリンピックに向けての鈴木の大きな課題であるといえよう。

令和元年9月のMGCから2か月後の同年11月、全日本実業団女子駅伝へ出場した日本郵政グループチームは、3区（10・9㎞）を任された鈴木の快走もあって優勝（2時間15分10秒）した。日本郵政グループの優勝は平成28年に続いて2度目であるが、同28年には鈴木が2区（2・5㎞）、関根が3区を走り、令和元年には鈴木が3区を走って優勝に貢献した。創部わずか数年ながら同駅伝で2度も優勝している日本郵政グループは、やはり見事というほかはあるまい。

松田瑞生　地元で好タイムを記録した腹筋女王

【生年・経歴】

生年＝1995年、出身＝大阪府、経歴＝私立大阪薫英《くんえい》女学院高校→ダイハツ工業

【主な大会記録】

2017年8月6日　世界陸上・10000m　31分59秒54　19位
2018年1月28日　大阪国際女子マラソン　2時間22分44秒　優勝
9月16日　ベルリンマラソン　2時間22分23秒　5位
2019年9月15日　MGC　2時間29分51秒　4位
2020年1月26日　大阪国際女子マラソン　2時間21分47秒　優勝

東京オリンピック・女子マラソンに出場する最後の1人は、マラソングランドチャンピオンシッ

プ（MGC）・ファイナルチャレンジ（さいたま国際マラソン、大阪国際女子マラソン、名古屋ウィメンズマラソンの3大会）で2時間22分23秒を上回るタイムを出したランナーのうちでもっともタイムのよい選手が選ばれる（該当者がない場合はMGCで3位の小原怜《れい》が東京オリンピックに出場）。

そんな状況下で開催された令和2年（2020）1月26日の大阪国際女子マラソンでは、序盤から松田瑞生《みずき》、福士《ふくし》加代《かよ》子《こ》、小原を含む先頭集団が右のタイムを上回るペースで快走を続ける。しかし、17km地点で小原が遅れはじめ、福士も20km地点で遅れはじめた。そんな中、長居陸上競技場からロードへ出て以降、一度もトップを譲らず、また1kmごとのラップも大きく崩さず、2時間21分47秒で優勝したのが松田である。

松田瑞生（提供：ダイハツ工業株式会社）

なお、松田は平成30年（２０１８）1月の大阪国際女子マラソンで優勝しており、２回目の優勝ということになる。令和2年で39回を数える大阪国際女子マラソンで日本人は16回優勝しているが、そのうち2回優勝したのは渋井陽子、赤羽有紀子《あかはゆきこ》、福士、重友梨佐《しげともりさ》、そして松田の５人で、過去の日本人優勝者の中で地元・大阪市出身は松田だけである。

そんな松田は私立大阪薫英女学院高校時代は駅伝などで活躍した。なお、同高校の1年後輩には、のちにマラソンで何度も激闘を演じることになる前田穂南《ほなみ》がいる。同高校卒業後の松田は実業団・ダイハツ工業所属となり、コーチ（のち監督）の山中美和子の指導を受けた。当初、松田はトラック競技の１００００ｍで頭角を顕《あらわ》し、鈴木亜由子《あゆこ》らとともに平成29年８月の世界陸上・１００００ｍに挑んだ。しかし、思うように実力が発揮できず、鈴木は10位、松田は19位（31分59秒54）に終わってしまう。

次いで、初マラソンだった同30年1月の大阪国際女子マラソンで松田は、中間点あたりまで安藤友香《ゆか》、それに高校の後輩・前田と先頭集団にいた。ちなみに、安藤が給水所でドリンクをとれなかった時、松田が自らのドリンクを手渡したのは20㎞付近だった。やがて、25㎞付近で前田がスパートし、これを松田が激しく追撃するが、安藤が大きく遅れる。一時は前田が独走態勢に入るが、松田が必死にくいさがった。そして、30㎞付近で前田をかわした松田が、そのままゴールして優勝（２時間22分44秒）した。

また、同年9月のベルリンマラソンでは序盤から松田が外国人ランナーとともに快走するが、25km付近で前田に追いつかれた。それでも、最後は松田が前田を突き放し、日本人最高の5位（2時間22分23秒）となってＭＧＣの出場権を得た。

なお、先に2時間22分23秒を上回るという設定タイムに触れたが、これは、「松田がベルリンマラソンで記録した2時間22分23秒よりもよいタイム」という意味で設定されたタイムである。このことで明らかなようにＭＧＣに参加したランナーの中では、松田の持ちタイムがもっともよかった。

ところが、令和元年9月15日のＭＧＣでは季節外れの東京の酷暑に苦しみ、前田、鈴木、小原に続く4位（2時間29分51秒）に甘んじてしまう。

わけても、前回の大阪国際女子マラソンや、ベルリンマラソンで勝った後輩・前田に負けたこと、マラソンでも鈴木に負けたことは相当悔《くや》しかったらしい。

以後の松田は1日40km以上、月平均で１０００km以上の走り込みをし、さらに相当量の腹筋運動《ふっきん》もこなした。ちなみに、先のＭＧＣで見事な腹筋を披露した松田には、「ナニワの腹筋女王」という異名がある。

以上のような涙ぐましい努力を重ね、満を持して臨んだだけあって、令和2年の大阪国際女子マラソンはペースメーカーをかって出た新谷仁美《にいやひとみ》らを追い越さんばかりの勢いだった。松田本人もスピードには相当自信があるらしい。事実、前田、鈴木、松田の３人の自己ベストはそれぞれ２時間23分48秒、２時間28分32秒、２時間21分47秒であるから、松田はスピードの面でほかの２人よりもかなり上回っている。したがって、残るは、

「いかにして暑さ対策をはかるか？」

が、東京オリンピックに向けての松田の大きな課題であるといえよう。

小原　怜　数秒の差でオリンピック出場を逸したランナー

【生年・経歴】

生年＝1990年、出身＝岡山県、経歴＝私立興譲館《こうじょうかん》高校↓天満屋《てんまや》

【主な大会記録】

2010年12月19日　全日本実業団女子駅伝　天満屋　2時間14分35秒　優勝
（小原＝2区／10分20秒）
2015年3月8日　名古屋ウィメンズマラソン　3時間05分21秒　119位
8月24日　世界陸上・10000m　32分47秒74　22位
2016年3月13日　名古屋ウィメンズマラソン　2時間23分20秒　3位
2018年3月12日　名古屋ウィメンズマラソン　2時間27分44秒　8位
9月16日　ベルリンマラソン　2時間27分29秒　10位

２０１９年１月27日　大阪国際女子マラソン　２時間25分46秒　２位
　　　９月15日　ＭＧＣ　２時間29分06秒　３位
２０２０年１月26日　大阪国際女子マラソン　２時間28分12秒　13位

本章では前田穂南《ほなみ》が先、小原怜《れい》があとになってしまったが、生年は小原が平成２年（１９９０）、前田が同８年である。実業団・天満屋女子陸上部でも、小原が先輩、前田が後輩であることはいうまでもない。

マラソングランドチャンピオンシップ（ＭＧＣ）では２位の鈴木亜由子《あゆこ》からわずか４秒差でゴールし、その時点での東京オリンピック内定を逃した小原は岡山県倉敷市出身で、興譲館高校時代は全国高校駅伝に３年連続で出場している。

興譲館高校を卒業後、小原は天満屋の所属となった。当時、天満屋には興譲館高校の３年先輩で、ロンドンオリンピックに出場する重友梨佐《しげともりさ》がいたから、陸上競技のみならず私的な面でも、重友からよいアドバイス、影響を受けたことであろう。

同22年12月、小原は中村友梨香《ゆりか》、それに重友とともに全日本実業団女子駅伝に出場し、天満屋の悲願であった初めての優勝（２時間14分35秒）に貢献する。３人が任されたのは、それぞれ小原が２区（３・３㎞）、中村が３区（10㎞）、重友が５区（11・６㎞）で、小原のタイムは10分20秒だった。

以後はトラック競技の10000mで猛練習を重ねた甲斐《かい》あって、同27年6月の日本陸上競技選手権で3位に入って北京《ペキン》（中国）での世界陸上出場が決まる。しかし、8月24日の世界陸上・10000mではまったく優勝争いにからめず、日本人3選手中で最下位の22位（32分47秒74）という不本意な成績しか残せなかった。

これより先、小原は3月の名古屋ウィメンズマラソンに出場していたが、初マラソンだったからであろう。順位が119位、タイムが3時間05分21秒という極めて不本意な成績に終わった。

それでも、同28年3月、同30年3月の名古屋ウィメンズマラソン、9月のベルリンマラソンとマラソンへの出場を続け、同28年の名古屋ウィメンズマラソンで3位（2時間23分20秒）、翌年の名古屋ウィメンズマラソンで8位（2時間27分44秒）、ベルリンマラソンで10位（2時間27分29秒）という成績を残す。このうち、2時間23分20秒は小原の自己ベストだが、以上のような成績が評価されてワイルドカードでのMGC出場が決まった。さらに、平成31年1月の大阪国際女子マラソンでは日本人トップの2位（2時間25分46秒）となり、俄然《がぜん》、注目されるようになる。

同年9月15日のMGCのレース展開は206頁「前田穂南」の項で触れたとおりだが、終盤に鈴木のペースが落ちる中、小原が演じた追い上げは見事であった。

前後したが、小原は同28年の名古屋ウィメンズマラソンで日本人トップの座をめぐって田中好美《よしみ》とスパート合戦《がっせん》を演じ、2位（2時間23分19秒）の田中に1秒差で惜敗《せきはい》したことがあった。のちに、田中はリオデジャネイロオリンピックへの出場を実現させている。したがって、小原は名古屋ウィメンズマラソンで1秒差でリオデジャネイロオリンピック出場を逃し、MGCでは4秒差で東京オリンピック出場を逃した恰好《かっこう》になる。

そして、小原は自ら東京オリンピック出場を勝ち取るべく、令和2年（2020）1月26日の大阪国際女子マラソンに挑む。けれども、アキレス腱《けん》の故障、風邪《かぜ》などのために松田瑞生《みずき》らのハイペースについていけず、17㎞地点で松田らの先頭集団から遅れはじめ、結局、小原は13位（2時間28分12秒）に終わる。なお、この大会では松田が（2時間22分23秒を上回る）2時間21分47秒で優勝したため、小原は東京オリンピックに出場する権利を失ってしまった。

主要参考文献一覧

註＝紙幅の関係で新聞、スポーツ新聞の記事、陸上競技雑誌の論文、オリンピック関係のムック、映像資料、インターネットのホームページなどは割愛した。

ゴーマン美智子『走れ！　ミキ』文藝春秋社、昭和50年
デリア俊子、後藤新弥『ランニング・オン――デリア俊子の挑戦』講談社、昭和56年
高橋　進『輝け！　女子マラソン』碩文社、昭和58年
日本体育協会編『日本アマチュアスポーツ年鑑』ベースボールマガジン社、昭和60年～平成14年
中島祥和『金メダルを掛けたアヒルさん　浅利純子の青春』報知新聞社、平成６年
浅井えり子『もういちど二人で走りたい』徳間書店、平成７年
増田明美『おしゃべりなランナー』リヨン社、平成９年
歌代幸子『私は走る　女子マラソンに賭けた夢』新潮社、平成12年
小出義雄『金メダルへの絆』日本文芸社、平成12年
増田明美『激走！　高橋尚子　シドニーを駆け抜けた青春』早稲田出版、平成12年

小出義雄『Qちゃん金メダルをありがとう』扶桑社／文庫、平成13年
高橋尚子『風になった日』幻冬舎、平成13年（改題『夢はかなう』同、平成16年）
千葉真子『ベストスマイル　補欠になった私』文藝春秋、平成16年
増田明美『夢を走り続ける女たち　女子マラソン炎の闘い』講談社、平成16年
歌代幸子『スポーツ選手増田明美　こんな生き方がしたい』理論社、平成17年
鈴木秀夫『確実に完走できる！　マラソン』日本文芸社、平成18年
谷川真理『走る理由　谷川真理のランニング哲学』ランナーズ、平成20年
山口典孝監修、伊東浩司・鈴木博美『最強ランナーの法則　新版』毎日コミュニケーションズ、平成21年
中村　計『歓声から遠く離れて　悲運のアスリートたち』新潮社、平成25年
小出義雄『ゴールへ駆けたガキ大将　女子マラソンに賭けた夢』東京新聞、平成28年
光本宜史『幸せを届けに　五輪ランナー・小鴨由水　もう一つのゴール』海鳥社、令和元年

川口 素生（かわぐち すなお）

歴史研究家。1961年、岡山県に生まれる。

岡山商科大学商学部、法政大学文学部史学科卒業。

法政大学名誉教授・村上直博士に師事。

『井伊直虎と戦国の女100人』『宮本武蔵101の謎』『戦国名軍師列伝』『スーパー忍者列伝』『日本海海戦101の謎』（PHP研究所）、『佐々木小次郎』（アーツアンドクラフツ）、『戦国軍師人名事典』（学研プラス）、『（新装版）小和田家の歴史』（KADOKAWA）、『明智光秀は生きていた！』（ベストブック）など歴史、武道、スポーツに関する著書多数。

女子マラソン強豪列伝
歴史をつくったヒロインたち

2020年3月12日 第1刷発行

著　　者	川口 素生
発 行 者	千葉 弘志
発 行 所	株式会社ベストブック 〒106-0041 東京都港区麻布台3-4-11 麻布エスビル3階 03（3583）9762（代表） 〒106-0041 東京都港区麻布台3-1-5 日ノ樹ビル5階 03（3585）4459（販売部） http://www.bestbookweb.com
印刷・製本	三松堂株式会社
装　　丁	株式会社クリエイティブ・コンセプト

ISBN978-4-8314-0236-3 C0075